本书受促进高校内涵发展——"学科群"——大数据下循环经济与知识管理（5111823517）项目资助

保险营销员的商业道德敏感性

内容结构、影响因素及对道德决策的影响

Business Ethical Sensitivity of Insurance Agents:
Research on the Content Structure, Impacting Factors and Its Influence on Ethical Decision-making

张　娜◎著

图书在版编目（CIP）数据

保险营销员的商业道德敏感性：内容结构、影响因素及对道德决策的影响/张娜著. —北京：经济管理出版社，2018.12
ISBN 978-7-5096-6162-8

Ⅰ.①保… Ⅱ.①张… Ⅲ.①保险业—职业道德—研究 Ⅳ.①F840.3

中国版本图书馆 CIP 数据核字（2018）第 267193 号

组稿编辑：赵亚荣
责任编辑：赵亚荣
责任印制：黄章平
责任校对：董杉珊

出版发行：经济管理出版社
　　　　　（北京市海淀区北蜂窝 8 号中雅大厦 A 座 11 层　100038）
网　　址：www.E-mp.com.cn
电　　话：（010）51915602
印　　刷：三河市延风印装有限公司
经　　销：新华书店
开　　本：720mm×1000mm/16
印　　张：13.25
字　　数：198 千字
版　　次：2018 年 12 月第 1 版　2018 年 12 月第 1 次印刷
书　　号：ISBN 978-7-5096-6162-8
定　　价：66.00 元

·版权所有　翻印必究·
凡购本社图书，如有印装错误，由本社读者服务部负责调换。
联系地址：北京阜外月坛北小街 2 号
电话：（010）68022974　邮编：100836

前　言

　　保险业作为关系国计民生的重要行业、风险管理的市场手段，自改革开放以来取得了令人瞩目的成就，但其行业声誉不佳，社会形象也不乐观。探究企业失德的本源，很多时候是源于员工基于个人目的而对商业行为的扭曲。有些保险营销员为获得个人奖励做出不恰当承诺，为完成目标而采取不道德竞争手段，致使保险行业商业道德失范问题频频发生。而商业道德敏感性是员工对工作情境中蕴含的道德元素的感知和领悟能力，是道德行为发生之前逻辑上的初始心理成分。只有避免保险营销员对工作中的道德问题视而不见、充耳不闻，提高其商业道德敏感性，才能有的放矢地促使其做出遵守道德规范的行为，进而改善企业的伦理行为，提升保险行业的社会形象。现实的严峻使关于保险营销员商业道德敏感性的研究极为迫切。

　　本书综合采用文献分析法和问卷调查法进行理论研究和实证检验。通过文献分析法系统地梳理本书的理论基础，对道德决策及道德敏感性领域已有的研究成果进行综述；在此基础上，着重在保险营销员商业道德敏感性的内容结构、影响因素的交互作用及其对道德决策的影响等方面做了探索分析，发现已有研究中存在的问题，提出本书的理论模型；通过大规模发放调查问卷，共收集有效问卷1180份，采用结构方程、多层次回归等统计分析方法，应用 SPSS18.0、AMOS17.0 软件，对问卷信度、效度，变量之间主效应、中介效应和调节效应进行假设检验，主要研究内容及成果如下：

（1）保险营销员的商业道德敏感性包含与欺瞒公司、侵犯客户、虚假信息和人身攻击相关的四个维度内容。本书在此基础上编制的保险营销员商业道德敏感性问卷，具有较好的心理测量学指标特征。

（2）道德取向的两个维度中，理想主义对商业道德敏感性具有直接的显著正向影响，相对主义除了对商业道德敏感性具有显著正向影响外，还通过与问题道德强度的交互作用对商业道德敏感性产生显著的影响。移情在问题的道德强度对商业道德敏感性的影响中具有中介作用。此外，性别对商业道德敏感性有显著的影响，且女性显著高于男性。受教育程度及控制社会称许性的过度宣称对商业道德敏感性有显著正向影响。

（3）伦理氛围在伦理型领导对保险营销员商业道德敏感性的影响中具有部分中介作用，问题的道德强度在伦理氛围对保险营销员商业道德敏感性的影响中起调节作用。

（4）保险营销员的倾向性与情境性道德敏感性有显著的正相关性；倾向性及情境性道德敏感性、道德判断都对道德意图有显著的正向影响。但倾向性商业道德敏感性对道德判断具有显著的正向影响，而情境性道德敏感性对道德判断具有显著的负向影响。道德判断在倾向性商业道德敏感性与道德意图之间起部分中介作用，在情境性道德敏感性与道德意图之间具有遮掩效应。模拟行为研究下道德意图与道德行为间没有显著相关关系。

本书作为国内第一项有关保险营销员商业道德敏感性的管理学研究，着重在其内容结构、影响因素及对道德决策的影响等方面做了初步的探索。所获得的研究结果在拓展商业伦理研究范畴、促进个体道德决策的深入研究方面具有重要的理论意义，在规范保险行业伦理道德秩序、促进社会主义道德建设等方面具有重大的实践意义。

目 录

1 引 言 ·· 1
  1.1 研究背景 ·· 1
    1.1.1 现实背景 ·· 1
    1.1.2 学科背景 ·· 3
  1.2 研究意义 ·· 4
    1.2.1 理论意义 ·· 4
    1.2.2 现实意义 ·· 4
  1.3 研究对象 ·· 5
  1.4 研究数据和方法 ·· 6
    1.4.1 研究数据 ·· 6
    1.4.2 研究方法 ·· 7
  1.5 研究内容和结构 ·· 7

2 文献综述 ·· 9
  2.1 道德决策的研究 ·· 9
    2.1.1 道德决策的内涵 ·· 9
    2.1.2 道德决策过程模型 ·· 10
  2.2 道德敏感性的概念解析 ··· 18
    2.2.1 道德敏感性的概念 ·· 18
    2.2.2 道德敏感性与伦理敏感性的辨析 ··················· 20

2.2.3　商业道德敏感性的界定 ·················· 21
2.3　道德敏感性的研究现状 ························ 23
　　2.3.1　道德敏感性的影响因素 ·················· 23
　　2.3.2　道德敏感性的测量 ······················ 36
　　2.3.3　道德决策中的道德敏感性研究 ············ 40
　　2.3.4　我国道德敏感性研究现状 ················ 42
　　2.3.5　商业道德敏感性的影响研究 ·············· 48
2.4　文献小结 ···································· 55
　　2.4.1　道德决策领域的研究问题 ················ 55
　　2.4.2　道德敏感性领域的研究问题 ·············· 57

3　保险营销员商业道德敏感性的内容结构 ············ 62
3.1　问题的提出 ·································· 63
3.2　测评工具的初步开发 ·························· 64
　　3.2.1　材料 ·································· 64
　　3.2.2　问卷维度设计 ·························· 66
　　3.2.3　问卷的生成 ···························· 67
3.3　研究方法 ···································· 68
　　3.3.1　被试 ·································· 68
　　3.3.2　数据分析 ······························ 69
3.4　统计结果与分析 ······························ 69
　　3.4.1　项目分析 ······························ 69
　　3.4.2　探索性因子分析 ························ 71
　　3.4.3　验证性因子分析 ························ 74
　　3.4.4　量表的信度检验 ························ 77
　　3.4.5　量表的效度检验 ························ 78
3.5　讨论与结论 ·································· 80

4　个体与问题因素对商业道德敏感性的交互影响 ······ 83
4.1　研究目的 ···································· 83

4.2 研究假设 85
4.2.1 道德取向 85
4.2.2 道德强度 86
4.2.3 移情作用 87
4.3 研究方法 90
4.3.1 研究被试 90
4.3.2 测量工具 91
4.3.3 数据分析 96
4.4 研究结果 96
4.4.1 变量的相关分析 97
4.4.2 道德取向与道德强度对商业道德敏感性的交互影响 97
4.4.3 道德强度与移情作用对商业道德敏感性的交互影响 ... 100
4.5 讨论与结论 104

5 组织与问题因素对商业道德敏感性的交互影响 110
5.1 研究目的 110
5.2 研究假设 111
5.2.1 伦理型领导 111
5.2.2 组织伦理氛围 113
5.2.3 问题的道德强度 114
5.3 研究方法 115
5.3.1 研究被试 115
5.3.2 测量工具 116
5.3.3 数据分析 118
5.4 研究结果 118
5.4.1 变量的相关分析 119
5.4.2 伦理型领导与伦理氛围对商业道德敏感性的交互影响 ... 120
5.4.3 伦理氛围与道德强度对商业道德敏感性的交互影响 ... 122
5.5 讨论与结论 125

6 保险营销员的商业道德敏感性对道德决策的影响 ············ 130
6.1 研究目的 ············ 130
6.2 研究假设 ············ 131
6.3 分研究一：倾向性/情境性道德敏感性对道德决策的影响 ······ 132
6.3.1 研究方法 ············ 132
6.3.2 研究结果 ············ 136
6.4 分研究二：情境性道德意图与道德行为的关系 ············ 141
6.4.1 研究方法 ············ 141
6.4.2 研究结果 ············ 142
6.5 讨论与结论 ············ 144

7 研究结论与展望 ············ 150
7.1 研究结果的总讨论 ············ 150
7.2 主要结论 ············ 153
7.3 研究的创新点与不足 ············ 154
7.3.1 研究的创新点 ············ 154
7.3.2 研究的局限性 ············ 155
7.4 管理建议 ············ 156
7.4.1 人力资源管理建议 ············ 156
7.4.2 组织管理建议 ············ 157
7.5 未来的研究方向 ············ 158

参考文献 ············ 160

附录 ············ 190
附录A 员工职业道德情况调查 ············ 190
附录B 员工职业情境处理问卷 ············ 191
附录C 保险公司职业情境研究调查问卷 ············ 194
附录D 保险营销员道德决策问卷 ············ 199

后记 ············ 203

1 引 言

1.1 研究背景

1.1.1 现实背景

1998年诺贝尔经济学奖获得者阿马蒂亚·森（Amartya Sen）在其《以自由看待发展》（2002）一书中写道："良好商业行为的基本准则有点像氧气：只有当缺少它时，我们才对它感兴趣。"近几年来，社会各界谈论商业道德的话题逐渐增多，这恰恰因为目前我们的商业道德出现了问题，当代中国"商业道德缺氧"的现象已经越来越突出。

我国保险业作为关系国计民生的重要行业、风险管理的市场手段，自改革开放以来取得了令人瞩目的成就，但其社会形象并不乐观（单鹏，2013）。保险欺诈、误导客户、截留保费等行为屡有发生，由于保险代理人的道德风险所产生的赔付以及毁誉不但影响着保险公司的正常经营，同时也挫伤了投保人的信心（傅莹，2011）。中国保险监督管理委员会（以下简称中国保监会）原主席项俊波于2012年在保险监管工作会议上提出了"三个不认同"问题，就直指保险行业的各种不道德行为引起的消费者不认同、从业人员不认同以及社会的不认同。这些问题正在不断地侵蚀保险业发展的诚信基础，严重损害保险行业形象，如果不及时采取有效措施加以解决，很可能会引发信任危机，制约保险行业的可持续发展（项俊波，2012）。

探究企业失德的本源，很多是源于员工基于个人目的而对商业行为的扭曲。保险销售和服务需要客户与营销员面对面的实现，客户对保险的直接感受主要来自于营销员。有些保险营销员忽视业务质量，行为短视，为获得个人奖励做出不恰当承诺，为完成目标而采取不道德竞争手段，甚至出现欺诈、骗保、恶意保险等事件，致使保险行业商业道德缺失问题频频发生，保险行业的社会形象也面临严峻的挑战。

国外的保险行业发展较为成熟，有严格的保险代理人准入制度、完善的教育培训制度和高度的市场透明度（邬松卿，2006），在这样的监管模式下，保险营销员的营销行为更为规范。而从国内来看，1992年美国友邦保险公司进军寿险业务，才为中国带来了美国的寿险代理人制度。但由于我国在借鉴他国保险代理人监管的法律模式时没有充分考虑我国保险代理人的具体状况，因此可操作性差，相应这些制度也缺乏实用价值，再加上我国个人征信制度的缺失，这些都导致了保险营销员各种道德失范行为频频发生，与代理人有关的保险投诉、诉讼争执事件与日俱增（胡影，2011）。因此，研究我国保险营销员的商业道德决策行为显得尤为迫切。

在此环境下，如何提高保险营销员的道德敏感性，有效促使其做出遵守道德规范的行为，进而改善企业的伦理行为，提升保险行业的社会形象已成为商业伦理研究的重要内容之一。

2010年保监会出台《关于改革完善保险营销员管理体制的意见》，2012年保监会发布《关于坚定不移推进保险营销员管理体制改革的意见》，2013年1月《保险销售从业人员监管办法》出台，这些都凸显出保监会对保险行业，特别是对保险营销员加强管理，坚定不移、稳妥渐进地推进保险营销员管理体制改革的决心。

企业员工的行为在不同程度上都体现了一定的道德主张或者道德品性，因此要了解员工内隐的伦理信仰，唤醒员工去追寻行为的道德内蕴，探索员工在工作情境中表现出的一致的商业道德敏感性及其内部结构成分，揭示影响员工对商业道德敏感的主要因素，培育或者干预员工的商业道德敏感性，让员工成为德性的践行者，最终净化我们的商业环境。

1.1.2 学科背景

Rest（1983）在《儿童心理手册》一书里，将道德敏感性作为研究儿童道德认知发展的基础，并提出了四成分模型（Four Component Model）来概括道德行为产生前所包含的四种心理成分，包括道德敏感性、道德判断、道德动机和道德品性，自此心理学界开始了对道德敏感性的关注。Rest 的研究属于道德心理学范畴，因而集中在一般道德敏感的研究上，没有职业领域的区分。这种一般的道德敏感性被理解为对情境的领悟和解释能力，是对情境中道德内容的觉察和对行为如何影响别人的意识，即敏感地认识到"这是个道德问题"。后续的许多学者（Bebeau & Rest，1982；Erwin，2000；Hébert，Meslin，Dunn，Byrne & Reid，1990；Myyry & Helkama，2002；Karcher，1996；Reynolds，2006；Sadler，2004；Shaub，Finn & Munter，1993；Sparks & Hunt，1998）从多个职业领域对道德敏感性进行了研究，可以说，后来的道德敏感性的研究都结合了某一职业背景的特性，体现了一定的领域特殊性。

国内学者对道德敏感性的研究也沿袭了国外从一般道德敏感性到具体职业领域内道德敏感性的路径，如李琳琳（2009）对我国公务员的道德敏感性的探讨，朱勤（2011）对工程伦理中的道德敏感性的研究，任强（2010）、任强和郑信军（2013）、马多秀（2013）、郑信军和吴琼琼（2013）对教师的道德敏感性的研究，以及对青少年或学生的道德敏感性的研究（杜飞月，2011；冯振萍，2011；王云强和郭本禹，2012；韦耀阳，2009；徐桂云，2011；张波，2011；张振红，2012；周寸飞，2012）等。我国学者（施霄霞和郑信军，2009；郑信军，2008；郑信军和岑国桢，2007，2008a，2008b，2009a，2009b；郑信军、岑国桢和任强，2009）对心理学中的一般道德敏感性进行了系统深入的实证探索，为后续的应用性研究奠定了坚实的基础。在此基础上，我们将道德敏感性的概念引入到保险行业背景下，首次提出保险营销员商业道德敏感性的概念,即保险营销员对工作情境中蕴含的道德元素的领悟和解释能力,这种对企业工作情境中道德成分的觉察和识别能力是员工道德行为产生的心理逻辑起点。研究商业道德敏感性是道德敏感性的研究从一般走向具体、从基础研究走向应用研究的过程。

1.2 研究意义

1.2.1 理论意义

首先,国内保险伦理的研究还仅限于从行业的角度对道德风险的规避和防范。但保险活动本身会内生出不道德的行为,特别是保险营销员的商业伦理问题国内研究鲜有提及。本书从组织管理和人力资源管理的角度,为保险企业商业伦理的建设提供了可行之策。

其次,道德决策的研究主要集中于道德判断及其发展,对其他三个心理成分研究较少,而道德敏感性是敏感地认识到"这是个道德问题",是个体实施道德行为的最先决条件。因此,现有研究对道德敏感性的关注不足就尤为突出。本书将道德敏感性作为主要研究内容,从而弥补道德决策理论建构的这一缺憾。

最后,国内外学者关于道德敏感性方面的研究涉及教育、医护、新闻、咨询以及工程等多个领域,并从哲学、伦理学、心理学的角度进行分析,而在商业管理领域涉足甚少。国内学者对道德敏感性的研究还主要停留在定性研究上,本书将通过定性和定量研究相结合的方法探讨我国保险营销员的商业道德敏感性,研究成果会丰富国内的商业道德定量研究,同时将会为保险业了解并提升营销员的商业道德敏感性提供一定借鉴。

1.2.2 现实意义

首先,我国保险业的快速发展需要对保险市场进行规范,而这种规范不应该仅表现为保险市场制度的建立,也表现为保险伦理道德秩序的建立。保险营销员个体的不道德商业行为不仅会损害众多善意投保人和被保险人的合法权益,还会损害保险本身的公正性和公平互助性,并且会损害保险公司的整体利益和社会声誉,进而影响保险的社会功效,甚至背离保险创办的宗旨(孙慧婷,2008)。而从保险企业员工角度探讨保险伦理道德秩序的建立,更有利于规范保险市场各方参与者的自律行为,净化保险市场环境,在各参与主体实现自身利益最大化的同时重视社会价值的实现。

其次,在大力贯彻"以德治国"的新时期,对于企业员工,特别是保险行业的营销人员来说,保持适度的商业道德敏感性是必要的,过度或者缺失均会引发严重的社会问题。针对目前普遍存在的商业道德缺失问题,国内外学者提出了相应的培育机制,如心理机制、教育机制、社会机制等(赵杰和赵宏义,2004),然而这些机制能否有效地发挥作用呢?唯有首先测量出企业员工的商业道德敏感性水平,找出其主要的影响因素,探究其对道德决策行为的影响路径,有的放矢才能使相应培训机制事半功倍地发挥作用,这也是本书的意义之一。

最后,《保险营销员商业道德敏感性问卷》可以作为保险公司员工选拔、培训、考核、晋升的量化依据。这将有助于把更优秀的人才招募到企业中来,有助于准确测量保险营销人员的道德水平和道德素养,无论是对国家的思想道德建设还是保险业的健康有序发展都有着重大的现实意义。

1.3 研究对象

保险营销员是指取得中国保监会颁发的资格证书,为保险公司销售保险产品及提供相关服务,并收取手续费或者佣金的个人(《保险营销员管理规定》,中国保监会,2006年)。2009年新修订的《保险法》第一百一十七条对保险代理人的界定是:"保险代理人是根据保险人的委托,向保险人收取佣金,并在保险人授权的范围内代为办理保险业务的机构和个人。"保险代理人作为一个经济概念、法律概念，它可以是机构，也可以是个人。而本书的研究对象为企业环境中的员工，因而是具体从事保险代理工作的个人，即保险营销员。

我国保险公司的业务发展普遍采取的是个人代理制，个人代理制的销售模式是保险营销员到客户所在地去挖掘、接触客户，面对面地为客户进行保险需求分析、说明险种特色、讲解保险条款，与客户签订投保协议，从而完成保险产品的销售过程（傅莹，2011）。因此，保险营销员是保险营销渠道中最为重要的一部分。由于其销售方式为与客户面对面进行销售，所以他也起到了连接保险公司与投保人之间桥梁的作用，同时由于其规模与销售特性等原因，保险营销员所扮演的角色在保险市场中越来越重要，推动了整个行业的发展。截至2012年底，全国保险营销员累计实现保费收入6010.16亿元，占总保费收入的38.8%。

1.4 研究数据和方法

1.4.1 研究数据

本书通过问卷调查法获得第一手数据资料，其中问卷调查分为三个部分：

（1）保险营销员商业道德敏感性的内容结构研究：从三个方面获取保险营销员在日常工作中可能存在的道德问题——已有的职业道德规范、理论文献及实地访谈调查，形成调查问卷的初稿后，预测试数据来自保定、邯郸和石家庄的三家不同人寿保险公司，以其一线的保险营销员为调查对象，收集有效样本158份。再次施测在预测试三个月以后，收集有效样本417份，对量表进行了验证性因子分析及信效度检验。

（2）不同层面影响因素对保险营销员商业道德敏感性的交互作用研究：问卷包括对保险营销员的商业道德敏感性，个人层面的道德取向、移情作用，组织层面的伦理型领导、伦理氛围，问题的道德强度，及一些控制变量的测量。数据来自保定、邯郸和石家庄的三家不同人寿保险公司，以其一线的保险营销员为调查对象。

（3）保险营销员商业道德敏感性对其道德决策的影响机制研究：在保险营销员道德决策过程中，对比研究倾向性及情境性道德敏感性对道德意图的影响路径及作用。数据来自保定、邯郸的三家人寿保险公司，收集有效样本275份。在模拟行为研究中，收集30份保险专业学生样本来探讨道德意图对道德行为的影响。

1.4.2 研究方法

1.4.2.1 文献研究法

本书的文献研究主要包括对相关研究的背景、现状、进展及结果的汇总和综述，在此基础上提出本书的研究内容和假设。具体主要包括三个方面：①道德决策及道德敏感性的相关理论；②归纳整理已有的测量工具；③综述已有的道德敏感性与个人因素、组织因素、道德强度之间关系的研究，基于已有的研究结果提出本书的研究假设。

1.4.2.2 统计分析方法

（1）探索性因素分析（SPSS18.0）。

（2）验证性因素分析（AMOS17.0）。

（3）项目分析（SPSS18.0）。

（4）方差分析（SPSS18.0）。

（5）t检验（SPSS18.0）。

（6）回归分析（SPSS18.0）。

（7）相关分析（SPSS18.0）。

（8）路径分析（AMOS17.0）。

1.5 研究内容和结构

首先完成铺垫性的工作——保险营销员商业道德敏感性内容研究，接着对核心研究对象保险营销员的商业道德敏感性展开系统分析，洞悉其影响因素和作用机制，最后针对这些影响因素提出明确的干预策略，以提升保险营销员的商业道德敏感性，进而促进其伦理行为。

本书的内容主要包括：

（1）保险营销员商业道德敏感性内容结构研究。

本部分主要通过整理收集国内外已有的道德敏感性测量工具，从中选择最有代表性的工具参考其形成方法，并结合企业管理者的建议确定初稿；进而选取样本进行预测试，检验问卷的测量学指标以确定最终的保险营销员商业道德敏感性量表。通过验证性因子分析，确定我国保险营销员商业道德敏感性的内容结构。

（2）保险营销员商业道德敏感性的影响因素研究。

首先，分别检验保险营销员商业道德敏感性与个人因素（道德取向、移情作用、性别、年龄、受教育程度、在保险行业工作年限和工作性质等）、组织因素（伦理型领导、伦理氛围）、问题的道德强度的关系。其次，通过中介作用及调节作用的检验来研究分析三个层面影响因素的交互作用对商业道德敏感性的影响。

（3）保险营销员商业道德敏感性的影响机制研究。

在保险营销员道德决策过程中，对比研究倾向性及情境性道德敏感性对道德意图的影响路径及作用，并探讨道德意图对道德行为的影响。

2 文献综述

2.1 道德决策的研究

2.1.1 道德决策的内涵

人类行为多种多样,可以从不同的角度划分。从伦理道德的角度,它可以分为伦理行为(Ethical Behavior)和非伦理行为(Non-ethical Behavior)。伦理行为是指在一定道德意识的支配下发生的,有利于他人、社会或者有害于他人、社会的行为。伦理行为可进一步划分为道德行为(Ethical Behavior/ Moral Behavior)——有利于他人和社会的行为,以及不道德行为(Unethical Behavior/Immoral Behavior)——损害他人和社会利益,满足自己不正当需求的负面行为,也称"败德行为"。非伦理行为是指不受一定意识的支配,也不涉及对他人或社会是有利还是有害这一问题的无道德意义、不能进行道德评价的行为,如精神病患者的行为。根据常识,在道德与不道德行为发生之前,必然存在一个大多数人看不见的决策过程,先有不合伦理的决策过程而后有不合伦理的行为,这个过程就是道德决策过程。

从笔者所掌握的资料来看,还没有学者直接给出道德决策(Ethical Decision Making)的定义。在他们看来,道德决策的提法非常自然,商业活动中存在很多伦理道德问题(Ethical Issues),对这些问题的决策就是道德决策。

"道德决策"的研究融合了组织行为学、伦理学、心理学、管理学的内容，由于对它的理解总是与它的过程模型和影响因素联结在一起，所以类似统一认识的抽象道德决策定义并不多见。Velasquez 和 Rostankowski（1985）认为，受自由意志支配，给他人带来幸福或伤害的行为是伦理行为。按照这一定义，一切商业决策都是伦理决策，因为任何商业活动都会对他人产生影响。Jones（1991）明确指出，管理者的很多决策都是伦理决策，只是管理者没有意识到其决策所包含的伦理因素罢了。

从20世纪90年代开始，国内外学者对伦理决策的研究急剧增多，伦理从个体道德哲学层面逐渐扩展到组织层面和商业层面（Epstein，1987；Nash，1990）。其中一类学者倾向于从过程的角度去研究伦理决策，在过去的30多年，实证的决策模型都以这类研究为主。而另一类学者倾向于使用基于抽象的伦理原则，先界定特定问题的可能方案，并把具体的实践问题和抽象的原则结合起来拟定解决方案，后根据开始使用的伦理原则对备选方案进行评估，比如义务—功利（Deontology-Utility）模型（DU模型）、效用—权力—正义（Utility-Rights-Justice）模型（URJ模型）、契约—功利（Contract-Utility）模型（CU模型）、综合契约论（Integrative-Social-Contracts-Theory）模型（ISCT模型）等（黄宝东，2010）。这些模型由于伦理决策的复杂性，在运用不同的原则去解决问题的时候会发生很多冲突和问题，讨论更多的是理论层面，与实际情况会有一些脱节，所以适用性较为狭窄。

2.1.2 道德决策过程模型

以往很多学者研究了道德决策过程及其影响因素，其中不少学者提出了经典的模型，这些模型一般是围绕道德决策过程四阶段或其中一两个阶段进行研究。

2.1.2.1 Rest 四成分道德决策模型

1983年，以 Kohlberg 的学生 Rest 为代表的美国明尼苏达大学伦理发展研究中心提出了道德行为的四成分模型（Four Component

2 文献综述

Model)(Rest,1983),该模型继承和发展了 Kohlberg 的认知道德发展理论(Cognitive Moral Development,CMD)和 Schwartz(1977)的研究成果。Rest 认为,个体在产生道德行为前,都暗含了四个心理成分:

(1) 道德敏感性(Moral Sensitivity):解释情境。
(2) 道德判断(Moral Judgement):判断行为在道德上正确与否。
(3) 道德动机(Moral Motivation):把道德价值置于其他价值之上。
(4) 道德品性(Moral Character):有勇气的、持续的克服干扰因素来实施道德行为。

道德敏感性是个体对一定情境中道德问题的识别能力,是对情境的道德内容的觉察和对行为如何影响别人的意识,即敏感地认识到"这是个道德问题"。其中,还包括对各种行为如何影响有关当事人的观点采择和移情,想象事件的因果关系,或者还会涉及一些能适用于该情境的特定的道德规范或原则。所以,一个人必须首先意识到情境中的道德启示,然后才可能确认情境中各方的角色及其受到的影响。道德判断是个体对道德情境中的各种行为在道德上是否正确的一种判断。道德动机是在多种价值观并存的情况下,个体将道德价值置于其他价值之上,并采取道德行动,为某种道德结果履行自己的道德责任。道德品性是指诸如自我力量、坚持不懈、毅力、坚韧、深信不疑和勇气等品质,能使个体在达成某个道德目标的过程中不屈不挠地履行道德职责、有勇气克服疲惫和诱惑的干扰。道德动机承认人类本身的欲望可能使道德信念动摇,但道德品质使个人有毅力、有坚定的信念和能力去克服障碍(Rest,1986)。

Rest(1986)认为,个体必须意识到道德问题的存在,而且认为自己有必要对伦理问题采取行动,才会有后面的三个过程发生。认知到道德问题以后,个体将会做出道德判断,道德判断就是判断什么是对、什么是错的决策。做出道德判断以后,个体将形成道德意图,即个体决定执行或不执行该行为。而道德意图是个体做出道德行为的直接决定因素,在形成道德意图之后,个体会将该道德意图转化为道德行为(见图 2-1)。

图 2-1　四成分道德决策模型

资料来源：Rest（1986）。

Rest 认为，尽管这四个成分在过程上具有较明显的逻辑顺序，但它们在现实中并不一定以固定的时间顺序呈现，因为它们之间存在复杂的反馈环路以及相互作用。例如，个体对于什么在道德上是正确的理解和判断（道德判断）就可能会影响到个体对情境的领悟（道德敏感性）；当个体意识到道德行为的成本和代价时（道德动机），还可能会采取防御性的方式，通过否认行为的必要性、否认个体的职责或重新解释情境（道德敏感性）以使自己做出其他可选择的行为。个体在某个心理成分上的充分性并不保证在其他方面也是充分的，而且任一心理成分的缺失都会导致不道德的行为产生。

2.1.2.2　个体与情境交互作用模型

Trevino（1986）提出了个体与情境交互作用的道德决策模型，该模型中道德决策过程起始于决策两难问题，并明确提出个体的道德认知发展水平直接影响着个体对道德两难情境的认知评价。但在该模型中省略了具体的道德决策过程步骤，主要研究了影响伦理行为/非伦理行为产生的因素。这些影响因素主要有个体因素（如自我强度、环境依赖性和控制焦点）、情境因素（如工作背景、组织文化和工作特性）和个体道德认知发展水平（见图 2-2）。

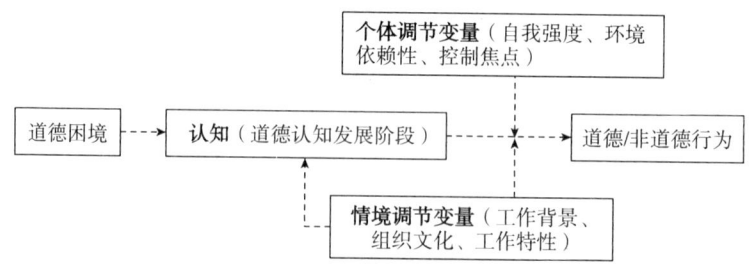

图 2-2　个体与情境交互作用模型

资料来源：Trevino（1986）。

2 文献综述

把个体道德认知发展水平作为一个主要研究变量是 Trevino 模型的主要特色，他认为道德认知发展水平不同的个体受到组织影响的水平是不同的。个体变量与情境因素都是个体道德认知对道德行为影响的调节变量。道德认知发展水平处于较高阶段的个体能够较少地受外界因素的影响和制约，因为高认知发展水平的个体通常都倾向于建构外部世界，更能抵制外部影响因素和改变情境；道德认知发展水平处于较低阶段的个体则会在更大程度上受到组织因素的影响。

2.1.2.3 市场营销组织道德决策权变模型

Ferrell 和 Gresham（1985）提出了针对市场营销组织的道德决策权变模型。在该模型中，社会、文化环境会使身处其中的个体面对道德两难困境，而此时的个体决策受到了个体因素、重要他人及机会三方面因素的影响。个体在进行决策后实施具体行为，随后个体会对该行为做出评价（道德或不道德），而这种评价又会通过对个体因素、重要他人及机会的影响而对未来的个体道德决策产生影响。并且，个体决策与个体因素的影响作用也是双向的（见图 2-3）。

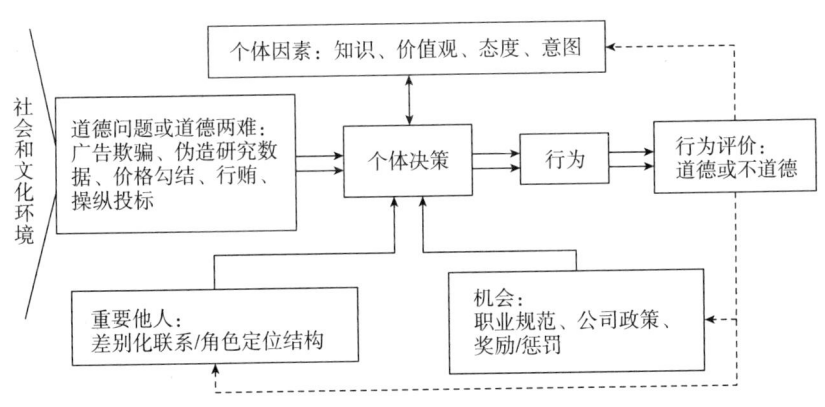

图 2-3　市场营销组织道德决策权变模型

资料来源：Ferrell 和 Gresham（1985）。

2.1.2.4 市场营销道德通用理论模型

Hunt 和 Vitell（1986）模型的一个重要特点是将个体的道德哲学评价（义务论和目的论）整合进市场营销道德的决策模型，为在蕴含道德内容的市场营销问题情境下进行道德决策提供了理论指导。在这一模型中,决策者受到文化环境、职业环境、行业环境以及组织环境的影响,同时受个人特征影响,这些因素影响决策者的义务论评价、目的论评价,这些评价又会影响到决策者的伦理判断,产生行为意图,行为意图连同其他约束条件一起促成个体行为的产生。然后行为会通过实际的后果反过来影响个人的特征。当然,个体经验与环境因素一起还会影响决策者今后的行为(见图2-4)。

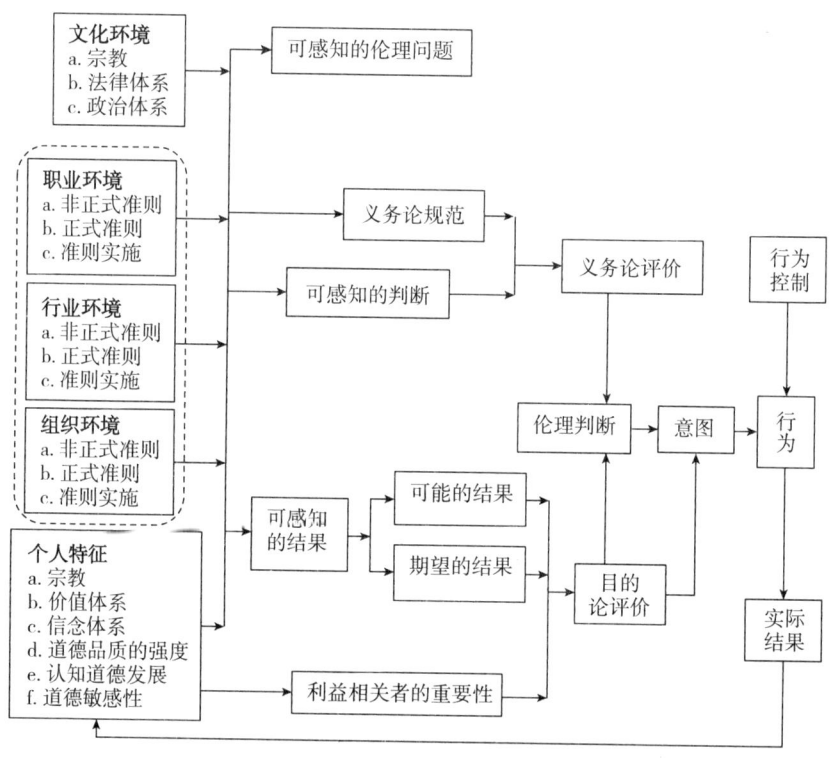

图 2-4 市场营销道德通用理论模型

资料来源:Hunt 和 Vitell(1986)。

2.1.2.5 行为模型

Bommer、Gratto、Gravander 和 Tuttle(1987)提出了行为模型。他们认为,道德决策过程和普通决策过程没有本质的差别,都包含信息收集和处理等活动,只不过在决策结果上存在一些差异,道德决策的结果为伦理行为，普通决策的结果不存在伦理的评判。

该模型中，环境变量和个人特征共同影响决策者的决策过程（包含获取信息、信息处理、认知过程和感知奖惩四个阶段）（见图2-5）。环境变量又细分为社会环境、政府/法制环境、工作环境、职业环境和个体环境。个体特征主要包括道德水平、个人目标、激励机制、地位、自我概念、生活经历、人格和人口统计特征。

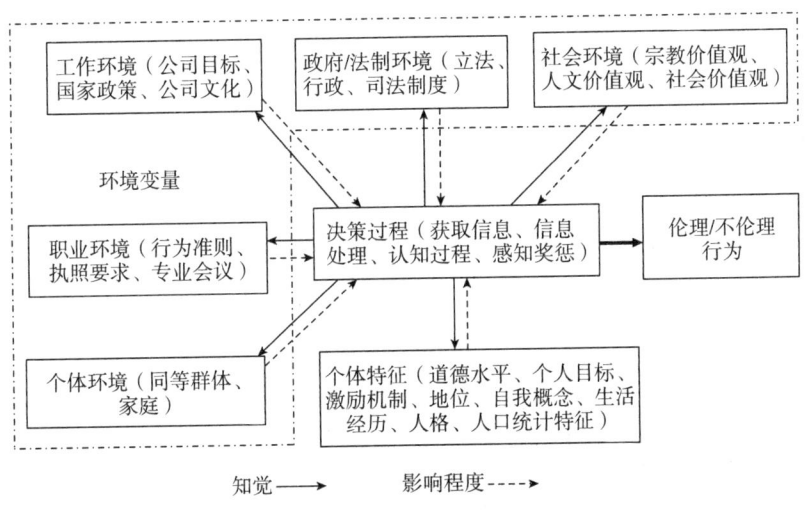

图 2-5 行为模型

资料来源：Bommer 等（1987）。

2.1.2.6 综合性商业道德决策整合模型

Ferrell、Gresham 和 Fraedrich 于1989年在市场营销道德决策权变模型（Ferrell & Gresham，1985）以及道德通用理论模型（Hunt & Vitell，1986）的基础上，提出了综合性商业道德决策整合模型。该模型既考虑了 Hunt 和 Vitell 所强调的个体认知决策过程的微观因素，也考虑了 Ferrell 和 Gresham 强调的更为宏观的组织文化因素的作用。在该模型中，处于社会经济环境中的个体决策过程包括意识、认知、道德评价、决定和行为五个阶段，而组织文化、机会和个体调节因素会对前四个阶段产生影响。真实的行为结果会通过行为评价反馈作用于决策的影响因素（见图2-6）。

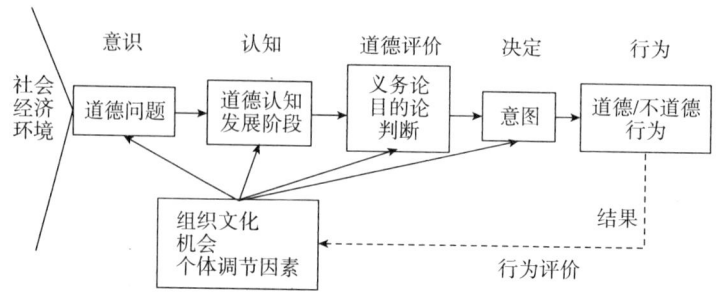

图 2-6 综合性商业道德决策整合模型

资料来源：Ferrell 等（1989）。

2.1.2.7 道德问题权变模型

Jones（1991）在 Rest 的四成分模型基础上提出了道德问题权变模型。他认为，主要有道德强度与组织因素（群体动态、权威因素和社会化过程）影响道德决策过程。道德强度的提出是 Jones 模型的一大亮点。以前研究中只关注了影响道德决策过程的个体因素和组织因素，而忽略了问题本身。Jones 认为，人们在决策的时候，会考虑他们决策的后果会影响到什么人，这些结果会不会很严重，会不会引起社会的轰动，会不会伤害自己身边的人，这些特征是问题本身所拥有的，Jones 将这些特征称为道德强度（Moral Intensity）。道德强度包括后果的严重性、社会一致性、结果发生的可能性、时间间隔、接近性与结果的集中性六个维度，它对道德决策过程的每一环节都有直接的影响，而组织因素只是对决策过程的后两个阶段建立道德意向与从事道德行为有直接的影响（见图 2-7）。

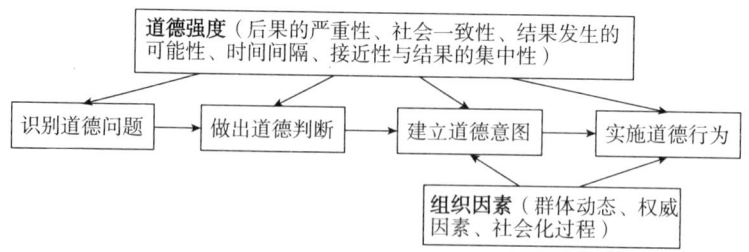

图 2-7 道德问题权变模型

资料来源：Jones（1991）。

2 文献综述

2.1.2.8 社会网络模型

Brass、Butterfield 和 Skaggs（1998）扩展了 Trevino（1986）的个体与情境交互作用模型，并指出单独个人和情境的双向交互作用很少单独发生，更多时候还涉及其他的相关方。因此，Brass 等提出了"社会网络模型"来解释组织中不同个体之间的关系如何影响不道德行为的产生。在该模型中，员工间关系的类型和结构在组织因素、个人因素及相关问题因素对决策制定的影响上起调节作用（见图 2-8）。研究结果显示，如果员工之间的关系是牢固的、多重的，且权力是对等的，则不道德行为产生的可能性会减少。

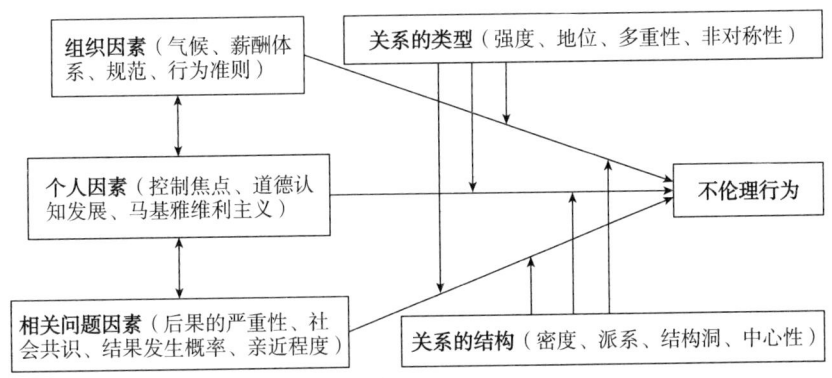

图 2-8 社会网络模型

资料来源：Brass 等（1998）。

2.1.2.9 一般伦理决策模型

Wittmer（2005）整合了先前的道德决策模型，提出了一般伦理决策模型，如图 2-9 所示。Wittmer 模型的理论基础为：

伦理决策=f（伦理决策过程，个人影响，环境因素）

从本质上来讲，Wittmer 的模型没有包含新内容，只是对以前学者提出的道德决策模型的总结和整合。同时，该模型也没有解决 Brass 等社会网络模型中提出的问题。

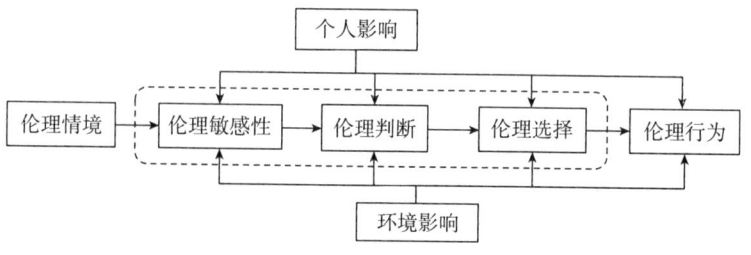

图 2-9 一般伦理决策模型

资料来源：Wittmer（2005）。

2.2 道德敏感性的概念解析

在过去对于道德决策的研究中，道德判断是学者们一直关注的重点（Krebs & Denton，2005；Schlaefli，Rest & Thoma，1985）。不过这种单一对道德判断的研究并没有说明道德判断的结果能够促使道德行为的产生，有研究认为，只有10%~15%道德行为的变化能够通过道德判断来进行解释（Blasi，1980；Thoma，Rest & Davison，1991），这就使对道德决策的第一个心理成分——道德敏感性的影响机制研究显得尤为重要。

2.2.1 道德敏感性的概念

Rest 提出道德敏感性概念30多年来，后续研究不断开展，但这些研究中对这个概念的界定方式不太一致。对它的界定方式不同，相应的测量方法和工具开发就不同，这样各种研究得出的结论就无法进行比较和对照，或者得出一些相反的研究结果。因此首先对道德敏感性进行界定和操作化是必要的。

总结起来，目前对道德敏感性的界定可分为三类：① 认知和情感反应的结合；② 单纯对道德问题的认知；③ 对道德问题的认知及对其重要性的定位。

(1) 认知和情感反应的结合。Rest（1983）根据 Hoffinan 对移情反应的研究，认为情感和道德认知是密不可分的，道德敏感性是道德行为发生之前心理过程的逻辑起始成分，包含着认知与情感的复杂交互作用，是指作为道德主体的人对社会环境及他人情感、群体利益和各种需要敏锐的感受性，它显示了人对于某件事及对他人的关注程度和态度，以及能够迅速采取合理的道德行为的能力。具有道德敏感性的人在采取某种行动对待别人之前，能较准确地预见行为的后果，能设身处地为别人着想，具有很强的移情能力。这种多因素的界定是道德敏感性研究文献中使用较多的定义方式（Bebeau，Rest & Yamoor，1985）。

(2) 单纯对道德问题的认知。一些研究者把情感因素从道德敏感性中排除，把道德敏感性界定为识别出情境中所包含的道德问题的能力，这类研究方法不仅要让被试列出识别某一情境的道德问题，而且让被试用 3 点或 5 点计分来表示其对所知觉到的道德问题理解深度，如 Shaub、Finn 和 Munter（1993）研究会计人员的道德敏感性，以及 Clarkeburn（2002）研究科学中的道德敏感性时，就应用了这种界定方式。

(3) 对道德问题的认知及对其重要性的定位。有些学者把对道德问题的识别和对这些问题的重要性排序结合起来界定道德敏感性。在复杂的决策情境下，在考虑问题的各种角度（如道德角度、经济利益、政治利益、个人心理满足、科学技术发展因素等）中，道德问题必须得到注意、重视并给予优先考虑（Robin，Reidenbach & Forrest，1996）。这些学者认为，只有个体给予道德问题比较重要的权重，这些问题才可能在决策过程中得以加工处理，否则这些问题很有可能从决策过程中被过滤掉（Hunt & Vitell，1993）。

国内外对道德敏感性的研究不管是研究方法还是理论建构都处于初级阶段，迄今为止还没有一个权威的界定，每种界定方式都各有利弊。如第一种界定方式强调认知和移情的共同作用，认为 Rest 四成分中的任何一种成分都是认知与情感交互作用的共同体。第二种界定方式直接告知被试测查的是道德问题，会存在严重的社会称许性问题，也就丧失了敏感性的意义。第三种界定方式对道德问题重要性定位的提出确实符合道德敏感性的内涵特点，但操作起来缺乏足够的理论和统计基础，也很难开发出类似题目的探测项目。因此，本书整合前两种界定方式，承认认知和情感在道德敏感性中的核心地位，在编制量表时采用了对情境中道德问题的识别的手法考察道德敏感性。

2.2.2 道德敏感性与伦理敏感性的辨析

道德敏感性和伦理敏感性是相关文献中使用频率最高的近义概念。两者的差异主要在于人们对"道德"和"伦理"是否词义相同的理解。

"伦理"与"道德"在相关研究中多次出现，甚至有时将两个概念交替使用。英语的"ethics"与"morality"一样，可以视为同义异词，并将其定位于同一关系。而将汉语言的象形文字与西方的拼音文字画等号，即将汉语的"伦理"和"道德"与英语的"ethics"（道德、伦理观）与"morality"（道德、伦理性）相对应，就是犯了汉语言文字西化的错误（王冬桦，2011），因而造成了目前我国学术界在伦理与道德概念及其关系问题上的思维混乱。

在西方思想史中，伦理与道德具有相同的词源含义，西方现在使用的"ethics"一词，源于希腊语中的"ethos"一词，其本意是本质、人格、风俗和习惯。而这里"习俗"（ethos）的含义，是指区别于此群体和彼群体间风俗的不同（蒋少飞，2012）。西方的"moral""morality"，源于拉丁文"mores"，它是"mos"（习惯、风俗、性格）的复数形式，后来古罗马思想家西塞罗创造了一个形容词"moralis"，用来指代国家生活的道德风俗和人们的道德个性，并用"moralis"来翻译"ethics""morality"沿袭此义（王仕杰，2007）。从词源含义来看，西方的"morality"与"ethics"在内涵上是一致的。

在汉语中，"伦"训为"辈"，主要是指人与人之间的相互关系，可引申为秩序、规律和位差，是指人们在现实生活中所处的位置的客观实在性，即人与人之间的关系定位。这种关系不是指空间关系，而是指个体与群体的心理情感认同的关系，它是人类历史上长期积淀下来的文化意义上的生活关系（宋希仁，2007）。"理"则是指事物实存的客观必然性（合规律性），所以"伦理"含有客观性，通常引申为人们生活关系中的原则和规范。

"道"的原始含义是指道路，引申为法则、规律和规范。伦理学意义上的"德"主要指社会生活关系中的行为主体即人的自我品性修养。按照朱熹的理解，道德即是得道："德者，得也，行道而有得于心者也。"（《四书集注·学而篇注》）因此，中文"道德"的词源含义是指行为主体在遵循伦理规范的行为过程中有所得，它与西方的"morality"的含义有明显区别。

罗国杰、马博宣和余进（1986）在《伦理学教程》一书中指出，"道德较多的是指人们之间的道德关系，伦理则较多的是指有关这种关系的道理"。魏英敏和金可溪（1984）在《伦理学简明教程》中写道，"'道德'指人类的行为合于理，利于人"，"'伦理'就是人类行动时必走的一条路，走的时候要有次序，合于条理，即'合理的行为'"。因此，当表示规范、理论的时候，我们较倾向于用"伦理"一词；当指称现象、问题的时候，我们较倾向于用"道德"一词。本书中探讨保险营销员在工作中面临道德困境时的决策问题，因而采用"道德敏感性"的概念。

2.2.3 商业道德敏感性的界定

通过上述对道德决策和道德敏感性相关研究的梳理可知，商业伦理领域的研究为商业道德敏感性提供了环境基础，道德决策理论相关内容为商业道德敏感性研究提供了理论基础，道德敏感性的研究为进一步拓展员工商业道德敏感性的应用研究奠定了基础，也为我们提供了科学的方法。所有这些研究成果都使对员工的商业道德敏感性的研究条件变得成熟可行。

商业道德敏感性（Business Ethical Sensitivity）的概念是在梳理商业伦理、道德决策和道德敏感性的研究基础上首次提出来的，所谓的商业道德敏感性，是员工对工作情境中蕴含的道德元素的领悟和解释能力，这种对工作情境中道德成分的觉察和识别能力是员工道德行为产生的心理逻辑起点。鉴于此，商业道德敏感性与商业伦理、道德决策、道德敏感性几个概念的逻辑关系如图2-10所示。

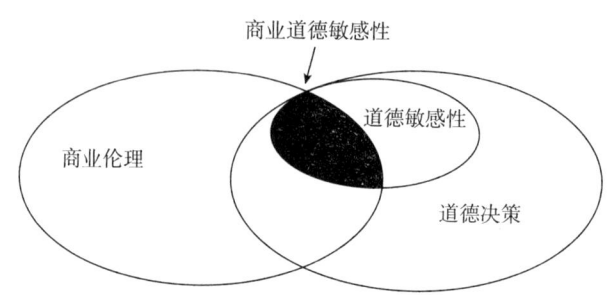

图2-10 商业道德敏感性的概念界定

商业道德敏感性是由商业伦理和道德敏感性两个概念引申而来的，是一个复合概念，但却不是将两个概念的简单相加。

第一，从研究范围来看，商业道德敏感性是对企业中员工工作中涉及的道德问题或者道德元素的研究，包括员工个人工作绩效、与同事的关系、公司政策等方面涉及的道德问题，而不是直接研究商业环境这一宏观层面所涉及的伦理问题。

第二，从研究对象来看，商业道德伦理敏感性并不是对企业主体道德缺失的讨论，而是关注保险营销员工作过程中应遵循的行为规范和准则，是将保险营销员个体的道德敏感性作为主要的研究变量。

第三，从研究视角来看，对商业道德敏感性的研究将从员工这一职业角度切入。虽然商业伦理涉及企业领导和员工双方的行为规则，这种规则是双方在互动过程中的准则，但是本研究将从职业领域视角切入，探讨保险营销员的商业道德伦理敏感性，企业领导者和组织伦理氛围将作为员工的环境变量加以讨论。

第四，从研究的落脚点来看，员工商业道德敏感性的研究最终是对人的道德敏感性的研究，即敏感性研究是本研究的真正归宿，这种敏感性是一种对情境的认知和领悟的能力。

2.3 道德敏感性的研究现状

2.3.1 道德敏感性的影响因素

在日常生活中，个体只有意识到情境中存在道德问题，或把该情境认定为道德情境，才可能在随后形成道德判断，并在此基础上转化为道德动机，进而付诸道德行为。从这个意义上说，它是道德行为发生之前道德心理活动的逻辑初始成分。而对个人的道德敏感性产生影响的，除了自身因素，还有个体所处组织的因素，及涉及问题本身的道德强度因素。

2.3.1.1 个人因素

（1）人口统计学变量（性别、年龄）。

在道德敏感性研究中，Bebeau 和 Brabeck（1987）较早地探测了性别差异，结果发现女性的道德敏感性在统计意义上高于男性。后续大量研究也发现了女性比男性道德敏感性要高（Ameen, Guffey & McMillan, 1996; Bernardi, Shepherd & Woodworth, 2011; Bone & Corey, 2000; Mathis, 2012; Neureuther, Swicegood & Williams, 2011; Ozdogan & Eser, 2007; Shaub, 1989; Sidani, Zbib, Rawwas & Moussawer, 2009; Simga-Mugan, Daly, Onkal & Kavut, 2005; Tirri & Nokelainen, 2007; Triki, 2012）。

Smith 和 Oakley（1997）指出，女性因为潜在的对公共利益和共同利益的颠覆性，而不可能与男性具有同样程度的道德价值。Schminke 和 Ambrose（1997）指出，由于男性和女性在价值导向上存在差异，因而其道德敏感性也存在差异。有研究表明，道德敏感性存在性别差异，面对道德情境时，男性对于"公正"原则更敏感，而女性更关注"关心"原则（龚霞光，2013）。采用性别社会化方法（Gender Socialization Approach）与结构方法（Structural Approach）来分析性别对不道德商业行为意图的影响有着不同的结论（Betz O'Connell & Shepard，1989）。结构方法强调工作的奖励结构会塑造员工的行为，因而在相同职业环境下的不同性别也会具有相同的表现。而性别社会化方法强调员工的不同性别导致了其工作角色的价值观和特质不同，进而塑造出不同的工作相关的兴趣、决策和实践。Ameen 等（1996）采用性别社会化方法考察了性别对道德敏感性的影响，结论证实了女性比男性显著地对道德问题更敏感。Smith 和 Oakley（1997）指出，如果问题涉及社会内容，女性学生更为敏感；如果基于规则考虑问题，性别之间就没有差异。

在其他一些研究中也有发现性别间有很小的或没有显著的差异（Chan & Leung，2006；Hunter，1997；Kidwell，Stevens & Bethke，1987；Myyry & Helkama，2002；Owhoso，2002；Simonis，2009；Trevino，1992）。

Collins（2000）对这种在不同研究中的不一致性集中地做了评述，认为这些矛盾结果说明是由于一些特异的背景条件才会造成道德敏感性在性别上出现显著差异。特别是，在不同的职业领域中，职业规范和职业角色可能导致男性和女性会在某种特定的背景下思考问题。

年龄对道德态度的影响至少有两个方面：一是随着时间的推移个人道德发展的影响（Stead，Worrell & Stead，1990）；二是反映社会和文化环境变化的人群效应（Chiu et al.，1998）。Shaub（1989）研究发现，道德敏感性与年龄间存在正相关关系。Karcher（1996）研究得出，被试的年龄影响其对道德问题的识别。在其他一些研究中，年龄对个人的伦理态度、信念和行为也存在正相关关系（Bone & Corey，2000；Conroy & Emerson，2004；Deshpande，1997；Hunter，1997；Kelley，Donnelly & Skinner，1990；Kim，Park，You，Seo & Han，2005；Shaub，1989）。

也有一些研究表明，年龄对道德敏感性无显著影响（Chan & Leung，2006；Hebert，Meslin & Dunn，1992；Jagger，2011；Lane & Schaupp，1989；Ozdogan & Eser，2007；Triki，2012）。Chan 和 Leung（2006）的研究中年龄、性别与道德敏感性的关系都没有得到支持。

可见，通常性别不会对道德敏感性产生影响，如果有影响，那么女性则比男性在决策时道德敏感性更强。年龄对道德敏感性的影响并没有完全一致的研究结论，大多数研究表明，随着年龄的增长，道德敏感性是增强的，也有部分研究得出年龄对道德敏感性无显著影响的结论。

（2）价值取向。

价值取向方面的研究主要检验各种价值观理论对道德敏感性的影响，包括正义、相对主义、功利主义、义务论、利己主义和理想主义。现有研究以传统的道德哲学和价值观的研究为基础，并不断扩展。大量文献中都比较了理想主义与相对主义的道德价值取向，理想主义指的是在道德决策过程中考虑他人利益的最大化（Forsyth，1980），而相对主义是基于当时的情境来决定伦理性（Treise, Weigold, Conna & Garrison, 1994）。

Shaub（1989）的研究中证实了相对主义与道德敏感性负相关。Shaub、Finn 和 Munter（1993）的研究结果表明理想主义与道德敏感性正相关，相对主义与道德敏感性负相关，相对主义的审计人员不太可能识别审计情境中的道德问题；审计人员的道德取向影响其道德敏感性。Sparks 和 Hunt（1998）研究得出相对主义与道德敏感性负相关；与非相对主义者相比，相对主义者将一般的道德问题看得没那么重要。Triki（2012）研究得出，相对主义与道德敏感性显著负相关，理想主义对道德敏感性没有显著影响。

Yetmar 和 Eastman（2000）在相对主义对道德敏感性的影响研究中，其结论没能得到支持。Chan 和 Leung（2006）的研究中，被试的道德价值取向（相对主义和理想主义）与道德敏感性的关系也没有得到支持。

Reynolds（2002）在其研究中也分析了价值取向与道德意识的内在关系，并认为功利主义者会对生活情境中有关伤害的道德问题敏感性高，而形式主义者则会聚焦于问题所涉及的规则，以及行动者对所涉及的行为的规则和条例的坚持，他们也更容易把违背规则的问题确定为道德问题，因此形式主义者（坚持执行规则和条例的人）对生活情境中有关违反规则的道德问题敏感性更高。Reynolds（2006）在对经理人的研究中发现，价值倾向影响其对道德问题的两个特征：伤害和违反行为规范的反应。功利主义和形式主义都会影响经理人道德意识，但是形式主义表现出更强的能力，所以形式主义者既能识别伤害，也能识别违反规范的行为，而功利主义者只能识别出伤害。

在30多年的研究历史中取得了相对一致的结论：理想主义和义务论对道德敏感性有积极影响，相对主义和目的论对道德敏感性有消极影响。

（3）教育、职业、工作经验。

以往研究中，教育、职业类型和工作年限一直是研究道德敏感性影响因素的主要因素。道德敏感性是相关人士道德理论化过程中一个不可缺少的能力，它既可以被培养，又可能遭到破坏，因此其不应该被教育者和在决策中需要道德考虑的责任者所忽略（Jaeger，2001）。

教育干预对道德敏感性的影响尤其是在各职业道德领域被广泛地探讨。Bebeau、Rest和Yamoor（1985）研究发现，即使没有特别设置的伦理课程，牙医学生在学习的过程中道德敏感性也增加了。其很多后续研究也证实了在伦理教育之后，被试对道德问题的识别能力提高了（Baab & Bebeau，1990；Bebeau & Brabeck，1987）。

Rest和Narvaez（1994）发现，有较高教育水平的人倾向于表现出较高的道德敏感性。Leibowitz（1990）研究发现，在学习计算机科学课程后，学生对计算机相关问题的道德敏感性提高了。Gautschi和Jones（1998）研究证实，参加商业伦理课程学习的学生对道德问题识别的能力提高了。Kim等（2005）研究得出，有伦理教育经历的护士道德敏感性较高。Thibodeau（2005）研究证实，采用价值相关方法教学，学生的道德敏感性提高，且显著高于传统学习方法下的学生。Chan和Leung（2006）研究发现，对会计学生进行道德干预对其道德敏感性的发展有积极的作用。Lau（2010）研究了伦理教育、道德意识和道德推理的关系，结果显示伦理教育促进了学生的道德敏感性和道德推理。Dotger（2010）对师范类学生的研究也发现，被试在接受跨专业的课程教育后，其道德敏感性增强了。Saat、Porter和Woodbine（2010）对马来西亚会计专业学生的研究中得出，接受过伦理课程教育的会计学生与没有接受过的同学相比，其道德敏感性显著提高了；专业实习没能提高学生对商业伦理问题的道德敏感性。Mathis（2012）在其研究中也证实了，经理人员感知到的道德敏感性与 MBA 教育和商业伦理课程正相关。

Karcher（1996）研究得出，被试的职位、专业性、以前对相似道德问题的接触和教育水平对其道德问题的识别影响不显著。也有一些研究发现，伦理课程的学习对道德敏感性无显著影响（Borenstein，Drake，Kirkman & Swann，2008；Clarkeburn，2002；Hunter，1997；Ozdogan & Eser，2007；Shaub，1989）。此外，Sparks（1995）研究发现，正式培训与道德敏感性显著负相关。Sparks 和 Hunt（1998）的研究再次证实了道德敏感性与道德培训负相关；从业者和学生的道德敏感性有显著差异，不同年级学生的道德敏感性没有差异。

Namagembe 和 Ntayi（2012a，2012b）在对乌干达 219 名高校科研人员的研究中发现，科研人员职业生涯发展中道德敏感性和学术欺骗解释 65% 的变异；道德敏感性对他们职业发展的影响超过学术欺骗；科研人员的道德敏感性与职业行为有显著的正向关系。Kuusisto、Tirri 和 Rissanen（2012）对芬兰教师的研究中发现，在职教师的道德敏感性高于实习教师；多个学科教师的比较中，科学老师自评的道德敏感性最低。Bowler 等（2011）研究证实，STEM（科学、技术、工程和数学）研究员的职业动机，特别是其研究的角色定位，与其对负责任行为的道德敏感性有关联性。Kurtulmusoglu 和 Uner（2011）在对土耳其的商学院学生调查后发现，道德敏感性和他们想要从事的商业领域、读研究生的意愿、想要工作的部门（公、私）显著相关。从想要工作的部门来看，想在公共部门工作的最高，其次是不确定的，最后是想在私营企业工作的；想读研的高于没有此想法的；想在营销部门工作的学生道德敏感性最低。Bone 和 Corey（2000）比较了消费者与品牌经理和包装专业人士的道德敏感性，发现商业从业者道德敏感性较低；他们对包装实践负面结果的可能性和重要性的感知都低于关心道德问题的消费者。Swenson-Lepper（2005）比较了社会服务组织、生产性企业的员工和大学生，发现三类组织间被试的道德敏感性水平有显著差异。Lützén、Johansson 和 Nordström（2000）比较了一般科室和精神病科的医生和护士，发现不管在科室间还是医护间比较，被试的道德敏感性都有显著差异。Kim 等（2005）研究得出，不同护理工作岗位上护士的道德敏感性有显著差异。Wittmer（1992）的研究中对比了企业管理、公共管理、工程学专业的学生，发现个人化信息水平与其道德敏感性正相关，但系别对道德敏感性无影响。

Owhoso（2002）研究发现，审计师对道德信息的敏感性因其经验水平不同而不同。Neureuther等（2011）研究得出，工作经验与道德敏感性正相关。Simonis（2009）在对音乐工作者和高中生的研究中发现，加入合唱团年限较短的学生比那些有多年经验的学生归属感得分明显偏低；对音乐教育工作者的归属感中等程度的学生比那些有较高归属感的学生的道德意识显著偏低；音乐教育工作者的工作年限与道德意识没有显著关系。但Wimalasiri（2001）在对商科专业学生和从业者的研究中发现，在面临道德困境时他们具有相同的道德敏感性。

总之，大部分研究得出了相对一致的结论，即教育或培训对个体道德敏感性的提高有积极的作用，不同职业间个体的道德敏感性有差异，个体的工作经验与其道德敏感性正相关。

（4）人格。

近年来，学界对人格的研究逐渐增多，大量研究测试了人格的各个维度及其如何影响道德敏感性。这其中主要包括马基雅维利主义和控制焦点对道德敏感性的影响。

马基雅维利主义（Machiavellianism）通常被作为权术和谋略的代名词。它通常分为高马基雅维利主义和低马基雅维利主义。高马基雅维利主义的个体重视实效，保持着情感的距离，相信结果能替手段辩护。Christie、Geis和Berger（1970）提出，高马基雅维利主义的人有一种冷酷的超脱精神，他们较少受到他人情绪的影响，或在潜在令人难堪的环境中试图保留自己的颜面；马基雅维利主义程度越高，就意味着道德观念程度越低。Sparks和Merenski（2000）的研究中提出了道德敏感性与马基雅维利主义正相关的假设，但结果没能得到证实。Denise（2001）研究发现，个人因素中的控制焦点、马基雅维利主义和道德发展对被试的道德敏感性都没有显著影响。赵宝春（2008）的研究发现，马基雅维利主义程度高的消费者更能容忍道德上值得怀疑的消费行为（非法获益、被动获益、主动获益和没有伤害等非伦理行为）。Triki（2012）研究得出了马基雅维利主义与道德敏感性有略微的正相关性的结论。

控制焦点理论（Focus of Control）是由社会学理论家 Rotter 提出的，是个体在周围环境（包括心理环境）作用的过程中，认识到控制自己生活的力量，也就是每个人对自己的行为方式和行为结果的责任的认识和定向。控制焦点分内控和外控两种，前者把责任归于个体的一些内在原因（如能力、努力程度等），后者则把责任或原因归于个体自身以外的因素（如环境因素、运气等）。Trevino（1986）在个人与情境交互作用模型中指出，个体道德决策过程中，个人因素中的自我力量、控制焦点对最终决策起着很重要的作用。Butterfield、Trevino 和 Weaver（1996）的研究中假设内控者比外控者有着更高的道德意识，然而这个假设并没有得到较好的验证。另外，Butterfield、Trevino 和 Weaver（2000）还提出自我监控这一人格变量可能与道德意识有关。Chan 和 Leung（2006）的研究表明，控制焦点与道德敏感性显著相关，内控的会计学生比外控的能更好地识别道德问题。张波（2011）的研究也表明，内控型人格被试的道德敏感性水平要显著高于外控型的被试。

此外，Schmitt、Gollwitzer 和 Arbach（2005）运用卡特尔 16 种人格特质，研究了人格与公平敏感性的关系，并得出：个体的公平敏感性与妄想、嫉妒、神经质等显著正相关；与人际信任、谦逊性等呈显著负相关。

人格变量中只涉及了马基雅维利主义和控制焦点，而大五人格是全球心理学最有共识的人格理论，但是鲜有从这方面探讨人格对道德敏感性的影响。原因可能在于大五人格的特质性对环境的敏感性较低，且主要用于人力资源管理领域，因而现有研究中并没有考察大五人格对道德敏感性的影响作用。

（5）移情作用。

移情（Empathy）这一概念最早是由 Titchener 于 1909 年提出来的。他认为，人不仅能看到他人的情感，而且还能用心灵感受到他人的情感，他把这种情形称为移情。移情的发展使一个人能够注意引发他人情感状态的各种线索，注意到他人情感的发生和发展，也使一个人能够感受到他人真实的生活状况，感受到个人状况与其情感的种种联系。这可促使个体形成保护他人、呵护他人和帮助他人的心理倾向（姬慧，2002）。而且在移情基础上产生的愤怒、内疚、同情等情感会促使个体产生不公平感。因此，移情强化了个体的道德敏感性。

许多研究者都认为移情感受的体验在道德理解的发展中很重要，道德敏感性的端倪是在儿童与父母之间的移情的发展中被发现的（Hoffman，2001；Lovecky，1997；Silverman，1994）。最重要的是，在涉及以伤害为主要特征的道德问题中，移情是道德敏感性的重要成分，而且，移情还能作为一种道德动机的来源促成人们对道德问题的关注、察觉乃至道德行动（郑信军，2008）。

Sparks（1995）在其研究中验证了移情作用的一个维度——情绪感染与道德敏感性有显著的正向关系；移情作用的另一个维度——换位思考与道德敏感性显著负相关。Sparks 和 Hunt（1998）的研究中发现，营销研究者的移情作用中换位思考维度与道德敏感性有显著的正向关系，情绪感染和道德敏感性无显著相关关系，因此移情对道德敏感性的影响是自然发生的。

Volker（1983）研究发现，换位思考和道德敏感性没有相关性。Sparks 和 Merenski（2000）研究证实了道德敏感性与换位思考的关系是显著的。

任强（2010）、任强和郑信军（2013）通过访谈研究发现，移情扮演了教学伦理敏感性动机的角色，移情产生的内疚、愤怒、痛苦、同情、自责等感受都成了教师的教学伦理敏感性产生的力量。移情性的内疚会激发个体产生避免做出伤害或违背规则的行为的倾向，也会促使个体产生弥补行为的倾向；移情性的愤怒会激发个体产生维护公平和公正的感受；移情性的痛苦会提高个体产生助人行为或亲社会行为发生的频率。张波（2011）的研究发现，移情能力高的被试的道德敏感性水平要显著高于移情能力低的被试。曲学丽（2009）的研究结果发现，移情的四个维度（认知移情、情感移情、社交技能和自我意识）中只有一个维度对道德敏感性总平均分产生影响，而通过相关分析也发现，道德敏感性和移情的四个维度大都不显著相关。

现有研究大部分证实了移情作用对个体的道德敏感性有正向的影响

作用,但部分维度上可能存在影响不显著,这就为以后的研究深入探讨个体的移情作用对道德敏感性的影响路径和机制指明了方向。

(6) 文化与国籍。

多项研究证实个人的文化背景对道德敏感性有重要影响(Blodgett, Lu, Rose & Vitell, 2001; Chan & Cheung, 2012; Chen, Sawyers & Williams, 1997; Fernando & Chowdhury, 2010),文化环境比强制的行为准则对道德敏感性的影响更强(Mintz, 2006)。

大多数研究讨论了 Hofstede(1984)的国家文化维度,即权力距离、不确定性规避、个人主义—集体主义、男性化与女性化、长期取向和短期取向,并研究其对 Rest 模型中道德敏感性的影响。

Jackson(2001)的研究表明,经理人的道德态度与他们的民族集团相关:个人主义和低不确定性规避国家的经理人更看重对外部利益相关者的道德重要性,个人主义和高不确定性规避国家的经理人对外部利益相关者的道德重要性不太看重。集体主义和高不确定性规避国家的经理人对外部利益相关者的道德重要性更看重,集体主义和低不确定性规避国家的经理人对外部利益相关者的道德重要性不太看重。Blodgett 等(2001)的研究发现,不确定性规避对道德敏感性有正向的影响,权力距离、个人主义、男子气概对道德敏感性有负向影响;对利益相关者的道德敏感性取决于哪个利益相关者受到影响。

大部分研究都表明,道德敏感性和个人主义正相关(Armstrong, 1996; Cohen, Pant & Sharp, 1996; Smith & Hume, 2005),如 Simga-Mugan、Daly、Onkal 和 Kavut(2005)指出,美国(高个人主义)与土耳其(低个人主义)的经理人相比,有较高的道德敏感性。Moon 和 Franke(2000)研究发现,韩国人(集体主义者)通常对销售行为上的道德问题比美国的销售人员更具有敏感性,但是他们对个人报酬方面的道德问题敏感性比美国人要低一些。Marta、Heiss 和 Lurgio(2008)研究发现,墨西哥的营销人员比美国的营销人员有显著高的相对主义;随着两国相对主义的增加,感知的道德问题下降,且墨西哥比美国的感知的道德问题水平要低;美国比墨西哥对公司伦理价值观的感知要高;随着两国感知的公司伦理价值观的增加,感知的伦理问题也增加;墨西哥被试的感知的伦理问题要低于美国的。

Blodgett 等（2001）的研究表明，在与利益相关者的业务联系中，低权力距离指数与增长的道德敏感性相关；男子主义气概与道德敏感性负相关。但也有研究表明，低权力距离指数和道德敏感性负相关（Chan & Cheung，2012）。

Vitell 和 Festervand（1987）研究指出，处在高男子主义气概文化中的个人特征是其不道德行为和道德不敏感的最重要的影响因素，因为人们追求财务上的受益，在商业环境中更为明显。Lending 和 Slaughter（1999）的研究也得出高男子主义气概文化中的个人对组织价值的敏感性低。Nadler（2002）证实了女性主义气概文化有较强的道德敏感性。

Bowler 等（2010）比较了英语语系国家的学生与非英语语系国家的学生对负责任行为的道德敏感性，结果没有显著差异。

这部分研究涉及多国的比较和多文化维度的比较，迄今没有一致的研究结果，还需要后续更多的研究进行验证。

（7）其他。

Yetmar（1995）在其研究中证实了角色模糊与道德敏感性无显著关系；工作满意度与道德敏感性显著正相关；角色冲突负向影响道德敏感性。Yetmar 和 Eastman（2000）研究发现，角色冲突与道德敏感性负相关，工作满意度和道德敏感性正相关，与之前的研究结论是一致的。

Sparks（1995）的研究中证实了组织社会化、职业社会化与道德敏感性有显著的正向关系。在 Sparks 和 Hunt（1998）的合作研究中，发现道德敏感性和组织社会化有显著的正向关系，职业社会化与道德敏感性的正相关关系部分得到支持。

Shaub、Finn 和 Munter（1993）的研究结果表明，审计人员的道德取向不仅影响其道德敏感性，还影响其组织承诺和专业承诺。Yetmar 和 Eastman（2000）的研究中组织承诺与道德敏感性正相关。但是，Denise（2001）研究发现，组织承诺对被试的道德敏感性没有显著影响。

2.3.1.2 组织因素

Çetin 和 Cimen（2011）研究发现，内科医生的道德敏感性因工作场所而异，组织安排有利于提高道德敏感性，并且在私立医疗和健康机构工作的医生在自治分数上高于公立医院的医生，但在总分上低于公立医院的医生。Lam、Shi 和 Shi（2008）研究表明，大陆国有企业、私有企业及外商投资企业的员工与集体企业员工相比，对不道德的违法行为有较高的可接受性。可见，单位性质对员工的道德敏感性有一定的影响。

Abdou、Baddar 和 Alkorashy（2010）研究发现，护理系助教的学术工作环境与其道德敏感性有显著的正向关系。工作环境中的特定因素，如与上级和同事的关系、压力、参与、感知到的焦虑、身心问题都会影响其在学术环境中的道德敏感性。助理讲师更多地关注工作环境，与其他因素相比，将身心问题作为最重要的影响因素。参与是工作环境中最低层次的影响因素。感知到道德敏感性表达爱心维度的被试者被列为最高层次。相反，助理讲师和助教与人际关系导向的临床导师相比，规则是最低层次的影响。Kim 等（2005）研究发现，不同护理工作岗位上护士的道德敏感性有显著差异。Fleming（1995）在对英国的会计人员进行研究后得出，财务会计、管理会计和公共部门会计的道德敏感性是不同的。可见，工作环境对个体的道德敏感性有显著的影响（Bégat et al.，2004）。

Denise（2001）研究发现，产业因素中的专业守则、会计审计标准、其他规则，组织因素中的个人情境条件对被试的道德敏感性都没有显著影响。

在以往对道德决策的研究中，学者们对道德决策各阶段的影响因素进行了广泛的研究。但具体到道德敏感性的研究，大部分研究只探讨了个人因素对道德敏感性的影响，而对组织因素的研究较少。特别是组织因素中的道德规范、奖惩制度及组织伦理环境，在道德决策的影响研究中占据主要地位，但在道德敏感性的研究中却鲜有提及，这对后续进一步深入研究指明了方向。

2.3.1.3 道德强度

道德决策起源于决策者对情境中所包含道德问题的感知，决策者根据问题的特征来判断道德问题存在与否，而且道德问题的特征会影响决策者进行道德判断、形成道德意图和实施道德行为。Jones（1991）针对以往研究只从个体和组织两个角度，而缺乏对决策问题本身的关注，提出了"道德强度"（Moral Intensity）的概念，即一定情境中问题本身带来的道德上的压力或紧迫性，弥补了当时已有的道德决策研究的缺陷，改变了已有的道德决策研究范式。

Jones 把道德强度分为六个维度：后果的严重性、社会一致性、结果发生的可能性、时间间隔、接近性与结果的集中性。①后果的严重性（Magnitude of Consequence，MC），即该行为可能造成的伤害或益处的总和；总和值越大，表示结果大小程度越大，道德强度也就越高。②社会一致性（Social Consensus，SC），即社会上对该行为是道德的还是不道德的认同程度。③结果发生的可能性（Probability of Effect，PE），即该行为实际上会造成伤害或益处的可能性；可能性越大，其道德强度就越高。④时间间隔（Temporal Immediacy，TI），即该行为与行为结果之间的时间跨度；当这个时间跨度越小时，表示产生行为结果越快，道德强度越大；反之，则道德强度越小。⑤相似性（Proximity，PX），即决策者与行为的受害者或受益者在社会、文化、心理或生理上的相似程度。⑥结果的集中性（Concentration of Effect，CE），即一定的伤害或益处大小所涉及的受影响人群的数量。受影响人群的数量越少，表示结果的集中性越高，道德强度越大。结果的集中性高会产生较高的道德强度是因为人们会憎恨高集中性的结果。

道德强度对道德决策的四个阶段都发生作用，后续不少研究者对其进行了实证研究，道德问题的性质是决定道德问题重要性的显著因素（Karcher，1996）。

近年来，多项研究已经检验了道德强度的部分或全部的特征对道德敏感性的效应（Barnett，2001；Butterfield et al.，2000；Chia & Mee，2000；Frey，2000；Marshall & Dewe，1997；Singhapakdi, Vitell & Kraft，1996），这些研究都用情境方法来测量道德问题的强度（在Barnett的研究中使用了两个工作相关的行为描述），并用一个项目来测量道德敏感性。在上述所有研究中，除了 Marshall 和 Dewe（1997）以及 Barnett（2001）的研究外，MC 对道德敏感性都有显著的影响；除

Marshall 和 Dewe（1997）的研究外，SC 对道德敏感性也有显著的影响。在 Frey（2000）和 Singhapakdi 等（1996）的研究中，PE 对道德敏感性也有显著影响，但是在 Chia 和 Mee（2000）以及 Frey（2000）的研究结果中没能得到证实。除 Butterfield 等（2000）的研究外，其他六个研究中都检验了 TI 和 PX，但只有在 Singhapakdi、Salyachivin、Virakul 和 Veerayangkur（2000）的研究中，这两项都显著。除 Barnett（2001）及 Butterfield 等（2000）的研究外，其他五个研究中都检验了 CE，但只有在 Singhapakdi 等（2000）的研究中结果显著。

Singhapakdi 等（1996）通过检验道德强度和伦理观念的关系，实证检验了 Jones 的道德强度模型。Singhapakdi 用正交旋转法，将所有的道德强度负载到"感知到潜在伤害或无伤害"和"感知的社会压力"两个维度上，这两个维度就是伦理观念的显著决定因素。

Frey（2000）检验并提出道德强度的两个维度，一个是 CE，另一个包含其他五个方面。因此提出道德强度是一个综合的一维度，MC、SC 和 PE 是结构中最重要的方面。

McMahon 和 Harvey（2006）通过探索性因子分析和验证性因子分析得出道德强度分为三个因素：第一个是后果的可能性，包括 MC、PE 和 TI；第二个是 PX；第三个是 SC。

Butterfield 等（2000）研究发现，后果严重性和社会一致性对竞争情报领域从业者的道德意识有较强影响。Johari 等（2011）研究得出，问题的道德强度影响了审计人员的道德决策过程。

Leitsch（2004，2006）研究了道德强度及其与道德敏感性的关系。通过对 110 名会计专业学生的研究，Leitsch（2004）将道德敏感性定义为识别出情境中道德问题的能力，并证实了道德敏感性与道德强度之间存在联系。情境的类型影响了会计学生对道德强度各维度的感知，进而影响其道德判断，即个人的道德敏感性与问题的道德强度都能影响其对问题的道德特性的认知。但在其 2006 年的研究中道德强度的各个维度与道德敏感性并不显著相关。

总之，道德强度作为道德问题识别或察觉的外部条件变量，为个体的道德敏感性提供了必要条件，并且还在个体的认知、情绪以及人格特质和价值倾向的交互作用下,加强或减弱个体对道德问题的觉察和感知(郑信军,2008)。

2.3.2 道德敏感性的测量

从1982年Bebeau和Rest所做的第一个道德敏感性的实证研究——牙医道德敏感性测量开始,迄今为止,道德敏感性的实证研究已涉及医生(Akabayashi, Slingsby, Kai, Nishimura & Yamagishi, 2004; Baab & Bebeau, 1990; Bebeau & Brabeck, 1987; Bebeau & Rest, 1982; Bebeau, Rest & Yamoor, 1983; Çetin & Cimen, 2011; Ersoy & Gundogmus, 2003)、护士(Bégat, Ellefsen & Severinsson, 2005; Byrd, 2006; Ersoy & Goz, 2001; González-de Paz, Kostov, Sisó-Almirall & Zabalegui-Yárnoz, 2012; Kim, Park, Son & Han, 2002; Kim, Park, You, Seo & Han, 2005; Nortvedt, 2001)、咨询(Constable, Kreider, Smith & Taylor, 2011; Erwin, 2000; Volker, 1983)、会计(Ameen, Guffey & McMillan, 1996; Bobek, Hageman & Radtke, 2012; Chan & Leung, 2006; Fleming, 1995; Maisarah, Stacey & Gordon, 2009; Triki, 2012)、审计(Abdolmohammadi & Owhoso, 2000; Denise, 2001; Karcher, 1996; Owhoso, 2002; Shaub, 1989)、营销(Bernardi, Shepherd & Woodworth, 2011; Marta, Heiss & Lurgio, 2008; Sparks, 1995; Sparks & Hunt, 1998)、新闻(Lind, 1997; Lind & Rarick, 1995, 1997, 1999; Lind, Rarick & Ibrahim, 1996; Lind, Swenson-Lepper & Rarick, 1998)、公共管理(Choi, 2009; Choi & Perry, 2010)、社会科学(Clarkeburn, 2002; Sadler, 2004)、税收(Yetmar, 1995; Yetmar & Eastman, 2000)、保险(Blodgett, Lu, Rose & Vitell, 2001; Boose & Dean, 2000)等诸多职业领域。在这些不同的领域,研究者们采用文本、图片、录音、录像等材料,运用问卷、测验、访谈、实验等多种方法探索道德敏感性测评手段的有效性与可靠性,发展了一些信度、效度较高的职业道德敏感性的测量工具。

2.3.2.1 非结构性方法

以故事、情境为素材的非结构性方法,如测验法、访谈法,强调把道德线索隐蔽于复杂的情境背后,以探测被试是否自觉地觉察道德信息和发现问题的性质,具有较高的生态效度,但该方法对故事编撰或情境设置、分析评定都提出很高要求。

(1) 牙医道德敏感性测量 (Dental Ethical Sensitivity Test, DEST)。Bebeau 和 Rest (1982) 编制牙医道德敏感性测验,用来测试牙医专业在校学生实习过程中辨别和解释典型道德问题的能力。测试提供了四种经常发生在牙科门诊的两难对话,被试首先听一段对话,然后设想自己正扮演着现实中牙科医生的角色,根据所提出的问题做出反应。接着被试需要做一个与隐藏在他们的反应中的假设和想法的访谈。这些访谈被录音然后进行编码,随后在七个不同的敏感性指标上进行 3 点记分,从而得出牙科医生道德责任敏感性的程度。研究发现,牙科专业高年级学生的道德敏感性要高于大一新生,这暗示道德敏感性受到职业知识的影响。Bebeau 的这种访谈评定的方法可以产生更多具有生态效度的资料,但也带来了巨大的工作量,因此不适合大样本测量。

(2) Volker 的道德敏感性量表 (Moral Sensitivity Scale, MSS)。Volker (1983) 在理论上继承了 Rest 和 Schwartz 的观点,并在 DEST 基础上编制了更完整的道德敏感性量表,用于研究心理咨询人员的道德敏感性。Volker 编制了四个心理咨询中的来访者与咨询师进行交流的情境,对话过程中隐藏着有关来访者以及能被确认的第三方遭遇的潜在威胁,而这些隐藏着的信息能使情境所表现的问题被归类为道德问题。案例情境以录音形式呈现,当被试听完录音短文后,在研究者的引导下对一系列探测性问题做出反应,反应结果被录音、转誊、编码并分析。这些探测性问题体现了 Volker 所理解的道德敏感性的三个成分:①对职业道德两难情境中关键性信息的觉察;②对他人和自己的可能性后果的觉察;③对两难情境中影响结果行为的道德责任感。在此测验中采用的是 5 级评分系统,由 1 至 5 依次为无、最小、仅仅当事人、间接和直接,表明被试觉察到问题的道德敏感性越来越强(郑信军,2008)。研究结果显示,教育干预对个体内隐的道德敏感性产生了影响,却并没有提高学生外显的道德词汇记忆量;性别对道德敏感性的影响不显著,不过男性在前、后测对照中比女性出现更多的进步和倒退现象。

(3) 电视观众的道德敏感性。Lind 和 Rarick（1995）的道德敏感性测量方法可评估电视观众察觉媒体报道和内容中道德问题的能力。该研究分析了观众对道德相关问题的意识及随后的推理过程。研究者首先向被试展示一个关于肇事逃逸的故事，然后对其进行开放式的访谈，在此期间，要求被试回答几个问题，以此来引出他们在没有道德敏感性指引下对故事的反应。研究者将被试的反应分为四类：相关故事特征、隐含在故事中的道德问题、道德问题引起的后果以及利益相关者因为这些后果而受到的影响。通过两位专家的评判进行了内容效度的检验，结果显示被试反应主要集中在后三类上。同时研究发现，一般人能鉴定出 5~10 个道德问题，但也有被试只鉴别出较少的道德问题。Lind 等（1996）发现，媒体道德教育可以增加电视观众的道德敏感性。

(4) 种族道德敏感性测试（Racial Ethical Sensitivity Test，REST）。种族道德敏感性测试（Brabeck et al., 2000）是用来评估个体识别隐含在各种职业道德准则和媒体报道中，与种族偏见相关的道德问题的能力。被试首先观看五个录影片段，然后回答一系列的问题（来源于 DEST 里的题目），目的在于引出他们对违反道德问题的识别。每个情境中都包含了 5~9 个预先确定的道德问题，研究者据此评估了访谈被试的道德问题识别和他们分析的问题的复杂性。结果表明，个人对道德问题的敏感性与个人对种族和性别平等的态度相关，此外，那些学习过多元文化问题和伦理课程的人更可能具备种族敏感性。

(5) 咨询督导道德敏感性量表（Moral Sensitivity Scale for Supervisors，MSSS）。Erwin（2000）编制的咨询督导道德敏感性量表是在 Volker 先前对一般的咨询领域伦理敏感性测验基础上形成的。MSSS 由两个情境组成，每一种都包含一个模棱两可的（违约责任）和明确的（双重关系）道德问题，这些问题都是根据美国心理咨询协会的伦理守则而编制。研究者要求被试置身于目标咨询师督导的角色中，并指出与案例相关的监督和咨询方面的重要问题，为他们提供监督所需的其他信息，提供可采取的行动建议。被试的反应结果以李克特量表 5 分制计，从 1（没有提及道德问题）到 5（行动立足于道德问题）5 个级别，结果发现在明确的情境下个人具有更高的道德敏感性。

(6) 科学道德敏感性测验（Test for Ethical Sensitivity in Science, TESS）。Clarkeburn（2002）以生命科学为背景，为测验大学生的道德敏感性研制了科学道德敏感性测验。测验呈现给被试一则关于动物基因研究的短文，然后要求其列出在做出决策前要考虑的五个问题。这些回答被分为四个主题——风险、代价与利益、基本价值、公众观点，同时这些回答也被分为道德的和非道德的，非道德的回答包括了用科学的、财政的技术数据来作答的答案。这些评定就作为被试道德敏感性的测量结果。

2.3.2.2 结构性方法

以被试自我评价为特征的结构性方法，如问卷法、量表法，描述了一个特定的道德两难，对如何决策的考虑构成了所有的道德思考过程。该类测量方法注重经验和逻辑建构，简明高效，侧重个体道德敏感的倾向性特征，但问题缺乏模糊性，被试很容易知道研究的目的，因而被试的社会赞许倾向将影响其测评效度。

（1）学术欺诈行为的道德敏感性。Ameen、Guffey 和 McMillan（1996）通过问卷的形式测量了学生们对学术欺诈行为的道德敏感性。该问卷的 23 个问题，包括测试、小组作业和书面作业等相关内容，都是学生们熟悉的不道德行为，均与学术欺诈行为有关，如第 10 个问题是"当考试来临或该交作业的时候，向老师谎称生病请假"，第 13 个问题是"未经他人允许，借用其他同学的笔记"。问卷要求学生们以 6 点量表为基础，提供他们对不道德行为严重程度的意见评价。从 0 到 5 为"没有欺诈"到"极为严重"。学生对学术欺诈行为越是宽容（即较低的行为严重性得分），表明其道德敏感性越低，同时其越可能参与了不道德的行为（Tom & Borin, 1988）。该量表的问题都是确定的，没有测试被试识别不道德行为的能力，而只是测量学生对学术欺诈行为严重程度的意见评价，这与其对道德敏感性的界定有关。

（2）护士的道德敏感性测试（Nurse's Ethical Sensitivity Test, NEST）。Byrd（2006）以护士的职业特性为基础，通过检测其在实际工作中面临道德困境时所做出的选择来形成护士道德敏感性量表。这些特性包括：同情心、值得信赖、道德勇气、公正、自信、韧性、实际推理能力和正直。量表由 10 个护士工作中面临的道德困境组成，每个情境下由参与者选择自己的行动，来划分出低、中或高程度的伦理敏感性。量表的信效度通过多阶段进行测量来检验：第一阶段由两组专家评价测量工具，并给每项评分测量其内容效度；第二阶段通过对 20 个护士的小规模预测试修订了量表，检验了其效标效度；第三阶段通过寄发问卷的形式向 500 个护士进行了测试，回收 115 份，研究结果显示，参与的被试不管其受教育程度、工作经验、职业认证和工作设置如何，都有较高的道德敏感性。

（3）会计道德敏感性量表（Accountant' Ethical Sensitivity Scale，AESS）。2012 年，Triki 在 Cardy 和 Selvarajan（2004）采用的行为锚定等级评价法的基础上，开发了会计道德敏感性量表。Cardy 和 Selvarjan 的量表包含 32 个测量问题，涉及六个维度：公物私用、归责他人、行贿受贿、伪造、挪用公款、欺诈。Triki 修订了原问卷，使其问题更适合于会计环境，同时又在各个维度中加入了会计职业相关的问题。在每个维度的问题设计上，都包含了不道德的行为、明显道德的行为及模棱两可的行为。最后形成了 18 个问题的测量问卷，并以李克特 7 点量表来计分，从 1 至 7 依次为非常不道德、一般不道德、略有不道德、正常道德、略有道德、一般道德、非常道德。最后的问卷包含了六个维度，包括：使用公司资源、欺诈、受贿、独立性、道德地与同事相处、行贿。经测试，该量表有较好的信度和效度。

2.3.3　道德决策中的道德敏感性研究

以 Rest 的四成分道德决策模型为基础，很多学者也研究了伦理决策过程及其影响因素，其中不少学者提出了经典的模型，这些模型一般是围绕决策过程四阶段或其中一两个阶段进行研究，并且以道德行为作为道德决策的最终结果变量来考察，详见 2.1.2 节内容。在对道德敏感性的研究中，作为个体在产生伦理行为前的第一个心理成分，其对整个道德决策过程产生了显著的影响。

Jagger（2011）在对计算机专业学生的研究中指出，不同水平的敏感性对道德判断的发展都有着重大影响。伦理课程不可或缺的一个初始

2 文献综述

关键目标应该是提高学生的道德敏感性水平，因为它是道德判断发展的必要基础。通过实证研究还发现，低道德敏感性水平的学生在伦理课程中道德判断的发展较少。Johari 等（2011）在对审计师的研究中，也证实了道德决策前三个阶段道德敏感性与道德判断、道德意图之间存在显著的正向关系。Singhapakdi、Rao 和 Vitell（1996）研究发现，能识别出情境中含有道德问题的个人，就能形成较为道德的判断。Singhapakdi 等（1999）的研究又证实了感知到的道德问题对实施不道德行为的意图有负向影响。Singhapakdi（1999）的研究再次证实了对道德问题的感知能正向影响道德意图。Singhapakdi 等（2000）合作研究中发现，感知到道德问题的经理人表示，他们不太可能同意不道德的意图。Haines、Street 和 Haines（2008）研究发现，对道德问题重要性的感知是道德意图的预测变量。

Nara 和 Iseda（2004）在以互联网使用者为对象的跨文化研究中，发现人们的道德敏感性和倾向性与他们在网上的道德表现具有密切的关系。Namagembe 和 Ntayi（2012a，2012b）对乌干达科研人员的研究中发现，被试的道德敏感性与职业行为有显著的正向关系；个人的伦理导向与其职业行为也有显著的正向关系。许丽莎（2011）研究了道德同一性、道德敏感性与道德行为的关系，其结果验证了道德敏感性与道德行为之间存在显著的正相关关系。并且，道德敏感性的子维度中，移情内疚、移情烦扰、共感想象与道德行为及其七个维度之间均存在着显著的正相关关系，而惩罚倾向、觉察频率与道德行为及其几个子维度间存在显著的负相关关系。

Valentine 和 Fleischman（2003）研究指出，对道德问题的认知与道德判断不相关，与道德行为的关系也没有显著的结果发现。在对我国公务员的道德敏感性研究中，也发现公务员道德判断力水平与道德敏感性水平具有相关关系，但影响并不显著（李琳琳，2009）。Fleischman 和 Valentine（2003）在一个平等救济案例的研究中发现，对道德问题的识别与决定授予平等救济的行为是负相关的。Kohut 和 Corriher（1994）在对 MBA 学员的研究中发现，被试对公司行为规范的认知对道德决策和行为并没有显著的影响。Simpson、Banerjee 和 Simpson（1994）在对

209名学生的研究中发现,意识到使用盗版软件与使用行为没有显著的关系。Moores 和 Chang(2006)对香港信息系统专业学生的调查中也发现,尽管被试承认软件盗版是侵犯知识产权的行为,但这个事实并不影响他们对行为德性的判断。

综上所述,大部分的研究都得出提高员工的道德敏感性对道德决策行为的产生有积极的影响,但也有少量研究结论不显著,因此探讨保险营销员的商业道德敏感性对其道德行为的作用具有重要的现实意义。

2.3.4 我国道德敏感性研究现状

与国外相比,国内学术界对道德敏感性的研究相对较少。在 CNKI 中国知网数据库中,1979~2014 年间以"道德敏感性"或"伦理敏感性"为篇名或关键词,共检索出 50 篇文献,其中 27 篇文章属于定性分析,23 篇文章属于实证研究。而在实证研究中,除 1 篇以公务员为访谈对象进行质化研究外,其余 22 篇都是全部或部分以学生为样本。在检索到的文献中,有 2 篇国内会议论文摘要、14 篇硕士学位论文和 1 篇博士学位论文,其余为期刊文章。表 2-1 详列了国内道德敏感性研究中的前因变量,表 2-2 详列了国内道德敏感性研究的结果变量。

表 2-1 国内道德敏感性研究的前因变量

前因变量	主要研究结果	作者及发表时间
个人因素		
性别(13)	男生比女生表现出在倾向性道德敏感上更高的内隐效应,而女生则在外显倾向性道德敏感的移情内疚、移情烦扰等因子上得分高于男生,在惩罚倾向因子上低于男生	郑信军、岑国桢(2009a)
	女性被试总体上表现出更高的情境性道德敏感水平	郑信军、岑国桢、任强(2009)
	性别对于公务员道德敏感性水平无显著影响	李琳琳(2009)
	新闻职业道德敏感性没有性别差异	曲学丽(2009)

续表

前因变量	主要研究结果	作者及发表时间
个人因素		
性别（13）	性别对教师教学伦理内隐观影响比较显著，其中女教师对违背教学伦理的现象比男教师敏感	任强（2010）
	女生组的道德敏感性及情感因子要显著高于男生	肖婕敏（2011）
	在性别上，大学生的道德敏感性总分无显著差异	徐桂云（2011）
	性别对道德敏感性影响的主效应不显著	杜飞月（2011）
	男性和女性之间的道德敏感性水平没有出现显著差异。关爱维度上，女性显著高于男性；公正维度上，男性显著高于女性	张波（2011）
	大学生的性别在倾向性道德敏感性总分及各维度上均有显著差异，女生显著性地高于男生	周寸飞（2012）
	男女被试的道德敏感性水平并无明显差别	张振红（2012）
	性别对中学生道德敏感性的总分及四个因素分数的影响不显著	郭本禹、杜飞月（2013）
	性别主效应显著，女性道德敏感性水平显著高于男性	邹玲（2013）
年龄、年级（9）	年龄对于公务员道德敏感性水平无显著影响	李琳琳（2009）
	新闻职业道德敏感性没有年级差异	曲学丽（2009）
	在年级上，大学生的道德敏感性总分无显著差异	徐桂云（2011）
	年级主效应显著，随着年级的增长，道德敏感性水平逐渐下降	杜飞月（2011）
	本科生的道德敏感性最高，行为因子上高于硕士生组，情感因子上高于专科生组；研一组的道德敏感行为因子要显著低于大三组	肖婕敏（2011）
	不同年级的大学生在倾向性道德敏感性上存在显著性的差异。大二学生显著地高于其他两个年级，大一显著性地高于大三	周寸飞（2012）
	青少年在道德敏感性上存在年级差异	张振红（2012）
	年级对中学生道德敏感性的总分及四个因素（责任敏感性、规范敏感性、情绪敏感性和人际敏感性）分数具有显著负向影响	郭本禹、杜飞月（2013）
	年级主效应显著，初中生道德敏感性水平高于高中生和职高生，而高中生与职高生之间无显著差异	邹玲（2013）

续表

前因变量	主要研究结果	作者及发表时间
个人因素		
专业、职业（4）	新闻职业道德敏感性在学生、新闻传媒从业者和非新闻传媒从业者间有显著性差异，其中新闻传媒从业者的道德敏感性最低	曲学丽（2009）
	初中教师对违背教学伦理的现象比小学教师更敏感	任强（2010）
	大学生道德敏感性不存在专业的差异	肖婕敏（2011）
	不同专业类别在倾向性道德敏感性以及移情内疚、惩罚倾向、移情烦扰和共感想象四个维度上都存在显著差异，理科显著性高于文科，但在觉察频率维度上没有差异。是否班干部对大学生倾向性道德敏感性没有显著性影响	周寸飞（2012）
学历（3）	新闻职业道德敏感性没有学历差异	曲学丽（2009）
	学历对于公务员道德敏感性水平有显著正向影响	李琳琳（2009）
	教龄、学历对教师教学伦理内隐观影响不显著	任强（2010）
政治面貌（2）	政治面貌对于公务员道德敏感性水平无显著影响	李琳琳（2009）
	党员组和积极分子组的道德敏感性、认知因子要显著高于其他组，积极分子的行为层面及情感层面要显著高于团员组和群众组	肖婕敏（2011）
地域（4）	城市教师对违背教学伦理的现象比农村教师敏感	任强（2010）
	大学生道德敏感性不存在家庭来源地的差异	肖婕敏（2011）
	在地域上，大学生的道德敏感性总分无显著差异	徐桂云（2011）
	不同生源地的大学生在倾向性道德敏感性的总分水平以及移情内疚、移情烦扰、共感想象三维度上存在显著差异。农村大学生显著地高于城市大学生，农村与城镇、城镇与城市大学生之间不存在显著的差异	周寸飞（2012）
是否独生子女（3）	是否独生子女对道德敏感性影响的主效应不显著。在道德敏感性总均分、情绪敏感性和情感理解得分上，性别和是否独生子女之间存在交互作用。在规范敏感性、社会公德意识、尊重他人意识上，年级、性别和是否独生子女三者之间存在交互作用	杜飞月（2011）

续表

前因变量		主要研究结果	作者及发表时间
个人因素			
是否独生子女（3）		是否独生对大学生倾向性道德敏感性总分及移情烦扰和觉察频率维度上没有差异。在移情内疚和共感想象维度上，非独生的大学生比独生大学生表现出更高的敏感性。而在惩罚倾向维度上，独生大学生的惩罚倾向得分显著地高于非独生的大学生	周寸飞（2012）
		是否独生子女对中学生道德敏感性的总分及四个因素分数的影响不显著。性别与是否独生子女的交互作用显著，独生男的道德敏感性低于非独生男的道德敏感性，而独生女的道德敏感性高于非独生女的道德敏感性	郭本禹、杜飞月（2013）
教育培训（2）		道德教育的介入在很大程度上提高了学生识别道德问题的能力，其中利用案例分析和讨论的道德介入方式比仅介绍职业道德准则能更好地达到效果	吴琼、吴茗（2008）
		干预对于提高中学生的道德敏感性具有一定效果。干预后，在责任敏感性、情绪敏感性和人际敏感性三个因素上，实验组得分显著高于对照组	杜飞月（2011）
价值观（3）		权力欲显著负向影响道德敏感性	陈丽瑞（2009）
		权力欲在送礼情景下显著负向影响营销经理的道德敏感性，金钱欲、社会责任意识和商业道德教育在产品缺陷情景下显著影响营销经理的道德敏感性；金钱欲和权力欲负面影响营销经理道德敏感性，社会责任意识正面影响营销经理道德敏感性	阎俊、陈丽瑞（2009）
		价值观影响个体的道德敏感性。物质价值观与道德敏感性呈显著负相关；认知、尊重、归属、情感、抽象感受、社会、公理、依靠自身努力、人际关系、与人交往的态度来达到目标等价值观与道德敏感性呈显著正相关	邹玲（2013）
人格（2）		人格在父母教养方式与道德敏感性之间起中介作用	徐桂云（2011）
		内外控人格类型会对道德敏感性水平产生显著影响，内控型被试的道德敏感性水平要显著高于外控型被试	张波（2011）

续表

前因变量	主要研究结果	作者及发表时间
个人因素		
移情（3）	新闻职业道德敏感性与移情显著相关，但移情中只有社交技能维度对道德敏感性有一定的预测作用	曲学丽（2009）
	大学生在移情内疚、移情烦扰两个维度上表现出较高的道德敏感性，在觉察频率上表现出较低的道德敏感性	徐桂云（2011）
	移情能力会对道德敏感性水平产生显著正向影响	张波（2011）
环境因素		
组织伦理氛围（1）	行政组织中的"潜规则"和"官僚主义"导向的组织伦理气氛降低了行政决策者的伦理敏感性	苏楚静（2013）
压力（1）	消费者压力显著正向影响道德敏感性。相关者压力与道德敏感性显著正相关，但影响不显著	陈丽瑞（2009）
情境（3）	诱发性情境故事的情绪启动对情境性道德敏感没有显著效应，而倾向性道德敏感性和特质移情对情境性道德敏感性具有协变量主效应	郑信军（2008）
	中国营销经理对针对消费者的不公平行为更敏感，对针对竞争者的不公平行为更不敏感	陈丽瑞（2009）
	中学生道德敏感性具有情境差异性。相较于关爱情境，中学生在公正情境中表现出更高的道德敏感性水平	邹玲（2013）
道德强度（5）	接近性维度比后果可能性维度对情境性道德敏感性有更显著的效应，而道德问题框架只在较浅的加工层面上影响个体对无结构性问题的认知方向	郑信军（2008）
	接近性、后果可能性等问题的道德强度特征不同程度地影响特定情境条件下被试对无结构性问题的道德敏感性；问题呈现的道德框架变量在部分场景中影响被试对无结构性问题的道德敏感性	郑信军、岑国桢、任强（2009）
	道德强度显著正向影响道德敏感性	陈丽瑞（2009）
	行政决策问题的道德强度越小，行政决策者的伦理敏感性越低	苏楚静（2013）
	审计人员更易于识别具有高道德强度的问题	吴粒、林楠、于延琦（2014）

续表

前因变量	主要研究结果	作者及发表时间
环境因素		
其他（6）	大学生被试外显的倾向性道德敏感性与内隐的倾向性道德敏感性没有显著相关。与道德态度强度相比，自我监控变量更能预测大学生被试内隐倾向性道德敏感性与外显倾向性道德敏感性的分离	郑信军（2008）
	自我监控、道德态度强度均能在不同程度上预测内隐与外显倾向性道德敏感性的关系，自我监控的预测作用相对较高	郑信军、岑国桢（2009a）
	仁爱启动与非仁爱启动对于道德敏感性存在显著不同的效应，而仁爱启动的效应要显著地优于非仁爱启动的效应	张波（2011）
	个体道德认知水平越低，其伦理敏感性越低	苏楚静（2013）
	内隐网络利他倾向与情绪调节自我效能感及网络道德敏感性相关不显著	刘慧瀛、黄雪珂（2014）
	解释责任显著提高审计人员的道德辨识能力	吴粒、林楠、于延琦（2014）

相对于道德敏感性影响因素的众多研究，国内道德敏感性研究中，较少将其作为自变量来探索其对其他变量的影响，即道德敏感性研究的结果变量较少涉及。

表2-2　国内道德敏感性研究的结果变量

①刺激呈现速度、任务等外部因素与个体内在的倾向性道德敏感性都能直接影响个体对道德问题的选择性注意和识别；②个体的倾向性道德敏感对觉察与识别道德问题的作用要受到时间、任务等外部因素的制约	郑信军（2008）
①在相同情景中，中国营销经理的道德敏感性、道德判断和道德行为意向呈现出递减的趋势。②道德判断是道德敏感性与道德行为意向的中介变量	陈丽瑞（2009）
公务员道德判断力水平与道德敏感性水平具有一定相关性，但影响并不显著	李琳琳（2009）

续表

①大学生内隐、外显道德敏感性存在显著的分离效应。②内隐道德敏感性与道德脱离呈正相关，外显道德敏感性与道德脱离呈负相关。③内隐道德敏感性与自我控制呈负相关，外显道德敏感性与自我控制呈正相关。④以道德脱离为因变量，内隐外显分离指标能解释其44.8%的变异量，对道德脱离的预测力最高。⑤除道德敏感的行为因子与道德脱离少许几个维度相关不显著外，大学生道德敏感及其各因子与道德脱离及其各维度存在显著负相关。多元逐步回归显示道德敏感的情感因子对道德脱离有显著的负预测作用。道德敏感情感因子主要是通过影响道德合理化、委婉表达、歪曲结果这几个维度来影响道德脱离的。⑥大学生道德敏感性、自我控制共同影响着大学生道德脱离	肖婕敏（2011）
①道德同一性是道德敏感性与道德行为的中介变量。②情境因素和道德敏感性交互影响个体的道德行为：在道德启动条件下，道德敏感性高分组的道德行为前后差异量略低于低分组，但差异不显著；在竞争启动条件下，道德敏感性低分组的道德行为前后差异量显著低于高分组	许丽莎（2011）
①道德敏感性的五个因子及性别变量中共感想象、觉察频率、性别及移情内疚因素对预测学生感知学校公正氛围水平上的影响都达到了显著水平。进一步的回归分析表明，共感想象、觉察频率与移情内疚很好地预测学生对公正氛围的感知水平；觉察频率和移情内疚能很好地预测学生对关爱氛围的感知水平；而觉察频率、共感想象与移情内疚能很好地预测学生对宽恕氛围的感知水平。②高道德敏感性个体对积极道德词存在注意偏向，低道德敏感性个体对消极道德词存在注意偏向。高道德敏感性个体对模糊情境故事存在解释偏向，低道德敏感性个体在模糊情境故事上不存在解释偏向，两者差异显著	张振红（2012）
①中学生道德敏感性与责任推脱、自我考虑显著负相关，与人际影响显著正相关。②中学生道德敏感性水平越高，越倾向于做出道德行为	邹玲（2013）
行政决策者道德敏感性越低，越倾向于做出不符合行政伦理的决策行为	苏楚静（2013）

2.3.5 商业道德敏感性的影响研究

为了更加清晰地展示，笔者将国外学者已做的主要影响商业道德敏感性的研究进行梳理，如表2-3所示。

2 文献综述

表2-3 国外商业道德敏感性的影响研究

影响因素		主要研究结果	作者及发表时间
个人因素			
性别		性别在AAFES平民经理的道德敏感性中扮演了重要角色	Mathis（2012）
		女性比男性的道德敏感性要高	Triki（2012）
		女性学生和女性商科专业学生对潜在的不道德广告比男性学生更敏感	Bernardi和Shepherd等（2011）
		结果没能支持男性对规则导向的伦理问题比女性更敏感、女性在社会相关的问题上比男性道德敏感性更高的假设。结果证实了香港女性对以上两种问题中不道德行为的接受性更低；中国内地员工的性别对道德意识的影响不显著	Lam和Shi等（2008）
		性别对道德敏感性没有显著的影响	Chan和Leung（2006）
		美国和土耳其的管理者对代理人相关问题上性别有显著差异，女性显著高于男性	Simga-Muganand Daly等（2005）
		审计师的性别与其道德敏感性及评估欺诈风险的可能性没有关系，不论积极的信息被展示或隐藏；性别和工作经验也没有交互作用。因此，女性审计师在给予积极信息的情况下可能失去其道德敏感性的优势	Owhoso（2002）
		性别是显著的协变量，女性的道德敏感性较高，对感知的负面结果较高，但是在价值观上低于男性	Bone和Corey（2000）
		性别对道德敏感性没有显著影响，性别与道德敏感性中的识别关怀和公平问题没有显著相关	Hunter（1997）
		女性比男性对学术不端行为有较高道德敏感性、较低的容忍度；女性比男性较低地玩世不恭和较少地卷入学术不端行为	Ameen和Guffey等（1996）
		有本科学历的女性审计师道德敏感性较高	Shaub（1989）
年龄		没有发现年龄与道德敏感性的显著关系	Triki（2012）
		年龄对道德敏感性没有显著的影响	Chan和Leung（2006）
		年龄与道德敏感性正相关，与感知的结果负相关，年龄与实用主义和道德价值观负相关	Bone和Corey（2000）
		年长的比年轻的被试的道德敏感性高	Hunter（1997）
		被试的年龄是影响道德敏感性的重要因素	Karcher（1996）
		道德敏感性与年龄正相关	Shaub（1989）

续表

影响因素		主要研究结果	作者及发表时间
个人因素			
价值取向		相对主义与道德敏感性显著负相关,理想主义与其没有显著关系;反智主义与道德敏感性显著负相关	Triki (2012)
		相对主义道德取向的被试会更容易向客户让步	Bobek 和 Hageman 等 (2012)
		墨西哥的营销人员比美国的营销人员有显著高的相对主义;随着两国相对主义的增加,感知的道德问题下降,且墨西哥比美国被试的感知的道德问题水平要低	Marta 和 Heiss 等 (2008)
		功利主义和形式主义都会影响经理人的道德意识,但是形式主义表现出更强的影响力,所以形式主义者既能识别伤害,也能识别违反规范的行为,而功利主义者只能识别出伤害	Reynolds (2006)
		道德敏感性与相对主义负相关、与义务论导向正相关、与目的论负相关的假设都没能得到证实	Sparks 和 Merenski (2000)
		道德取向与道德敏感性正相关	Yetmar 和 Eastman (2000)
		爱尔兰的消费者理性主义低于黎巴嫩的消费者,在相对主义上高于黎巴嫩消费者	Rawwas 和 Patzer 等 (1998)
		营销研究者的道德敏感性与相对主义负相关	Sparks 和 Hunt (1998)
		市场营销人员对道德重要性的感知与其相对主义负相关	Singhapakdi 和 Kraft 等 (1995)
		相对主义价值导向与道德敏感性无显著关系	Yetmar (1995)
		审计人员的相对主义与道德敏感性负相关	Shaub (1989)
	教育、工作经验	平民经理感知到的道德敏感性与 MBA 教育和伦理商业课程有正相关关系	Mathis (2012)
		大学教育对被试道德态度的影响不显著	Lam 和 Shi 等 (2008)

2 文献综述

续表

影响因素		主要研究结果	作者及发表时间
个人因素			
教育、工作经验		对会计学生的道德干预对其道德敏感性的发展有积极作用	Chan 和 Leung（2006）
		审计师对道德信息的敏感性因其经验水平不同而不同	Owhoso（2002）
		澳大利亚的管理类学生和从业者在面临道德困境时具有相同的道德敏感性	Wimalasiri（2001）
		参加商业伦理课程学习的学生其对道德问题识别能力提高	Gautschi 和 Jones（1998）
		营销研究者的道德敏感性和伦理的正规培训负相关	Sparks 和 Hunt（1998）
		教育水平对道德敏感性没有显著影响；道德敏感性与被试在组织内的时间没有显著关系	Hunter（1997）
		以前对相似道德问题的经验与道德敏感性无显著预测关系	Karcher（1996）
		正式培训与道德敏感性显著负相关	Sparks（1995）
		个人化信息水平与个人的道德敏感性正相关	Wittmer（1992）
		道德敏感性与教育无关	Shaub（1989）
专业、职业		在假设的审计和税收环境中，被试都倾向于对爱争论的客户妥协让步，并且税收比审计情境下被试更容易承认这种让步。来自地方公司、税收工作的年限越长会更容易向客户让步。审计工作的年限越短越容易向客户让步	Bobek 和 Hageman 等（2012）
		文科学生比商科学生对道德问题更敏感	Bernardi 和 Shepherd 等（2011）
		经理人回忆战略相关的问题比道德相关的问题要多；经理人识别和对道德相关问题重视程度比学术教授要少	Jordan（2009）
		高校类型影响了宗教信仰，也影响了学生的道德敏感性	Maisarah 和 Stacey 等（2009）
		美国和土耳其管理者受既定的伦理困境影响的委托方、代理人和第三方的利益导致道德敏感性有显著不同；对代理人的道德敏感性最高，其次是对委托方的，对第三方的道德敏感性最低	Simga-Mugan 和 Daly 等（2005）

续表

影响因素		主要研究结果	作者及发表时间
个人因素			
专业、职业		对利益相关者的道德敏感性取决于哪个利益相关者受到影响。美国和中国台湾的保险代理人对消费者利益的道德敏感性是一样的，但是中国台湾的代理人对公司和竞争者的利益敏感性更高，对同事的道德敏感性低	Blodgett 和 Lu 等（2001）
		商业从业者道德敏感性较低；他们对包装实践的负面结果的可能性和重要性的感知都低于关心道德问题的消费者；在道德价值观上，商业从业者和消费者没有差异	Bone 和 Corey（2000）
		管理者比非管理者道德敏感性高	Hunter（1997）
		职位、专业性、教育水平与道德敏感性无显著预测关系	Karcher（1996）
		财务会计、管理会计和公共部门会计的道德敏感性不同	Fleming（1995）
		系别对道德敏感性无影响	Wittmer（1992）
人格		马基雅维利主义与道德敏感性有略微的显著正相关	Triki（2012）
		内控型比外控型的学生更有能力识别道德问题；控制焦点与道德敏感性和相对主义水平显著相关	Chan 和 Leung（2006）
		自我感知的虔诚和道德敏感性有递减的关系	Nadler（2002）
		控制焦点、马基雅维利主义和个体的道德发展对道德敏感性没有显著影响	Denise（2001）
		道德敏感性与马基雅维利主义正相关、与认知道德发展正相关都没能得到证实	Sparks 和 Merenski（2000）
		爱尔兰的消费者在马基雅维利主义上高于黎巴嫩消费者	Rawwas 和 Patzer 等（1998）
心理作用		道德敏感性与换位思考的关系是显著的	Sparks 和 Merenski（2000）
		角色模糊、角色冲突与道德敏感性负相关	Yetmar 和 Eastman（2000）
		营销研究者的道德敏感性与换位思考正相关	Sparks 和 Hunt（1998）
		移情作用的一个维度——情绪感染与道德敏感性有显著的正向关系，另一个维度——换位思考与道德敏感性显著负相关	Sparks（1995）

2 文献综述

续表

影响因素		主要研究结果	作者及发表时间
个人因素			
心理作用		角色模糊与道德敏感性无显著关系;角色冲突负向影响工作满意度,角色模糊负向影响工作满意度;角色冲突负向影响道德敏感性;工作满意度对道德敏感性显著正相关	Yetmar(1995)
		组织社会化、职业社会化与道德敏感性有显著的正向关系	Sparks(1995)
		职业承诺与道德敏感性无显著关系	Yetmar(1995)
		职业承诺与组织承诺显著正相关,职业承诺与理想主义显著正相关	Shaub(1989)
		营销研究者的道德敏感性与组织社会化正相关	Sparks 和 Hunt(1998)
		工作满意度、组织承诺与道德敏感性正相关	Yetmar 和 Eastman(2000)
文化、国籍		美国和墨西哥两国营销人员感知的道德问题和宗教都有显著的正向关系;美国比墨西哥被试对公司伦理价值观的感知要高;随着两国感知的公司伦理价值观的增加,感知的伦理问题也增加;墨西哥被试的感知的伦理问题要低于美国的	Marta 和 Heiss 等(2008)
		美国和土耳其管理者对委托方的问题上,民族有显著差异	Simga-Mugan 和 Daly 等(2005)
		道德敏感性和一个国家的文化和经济发展水平不相关	Nadler(2002)
		不确定性规避对道德敏感性有正向的影响,权力距离、个人主义、男子气概对道德敏感性有负向影响	Blodgett 和 Lu 等(2001)
		爱尔兰和黎巴嫩两种文化对道德问题的敏感性都较低	Rawwas 和 Patzer 等(1998)
宗教		宗教归属、宗教教育背景影响了宗教信仰,也影响了学生的道德敏感性,但对其影响是情境性的	Maisarah 和 Stacey 等(2009)
		宗教对道德态度有重要的影响,然而不同宗教影响效果不同	Lam 和 Shi 等(2008)

续表

影响因素		主要研究结果	作者及发表时间
个人因素			
道德决策其他成分		会计学生的道德敏感性和道德推理没有显著的关系	Chan 和 Leung（2006）
		经理人的伦理倾向影响其对道德问题的两个特征：伤害和违反行为规范的反应	Reynolds（2006）
		道德敏感性与决策结果相关；道德发展与决策结果不相关，个体的道德发展与道德敏感性也不相关	Wittmer（1992）
组织因素			
		商业情境下的社会化与道德意识负相关	Jordan（2009）
		产业因素（专业守则、会计审计标准、其他规则），组织因素（个人情境条件、组织承诺）对道德敏感性没有显著影响	Denise（2001）
		大陆的国有企业、私有企业及外商投资企业的员工与集体企业员工相比，对不道德的违法行为有较高的可接受性	Lam 和 Shi 等（2008）
道德强度			
		道德强度的层次越低，越容易向客户让步	Bobek 和 Hageman 等（2012）
		问题的道德强度影响了道德强度的维度和审计人员的道德决策过程；道德决策前三个过程显著正相关；问题的道德强度水平将会影响道德强度组件和审计师的道德决策过程	Johari 和 Sanusi 等（2011）
		道德问题的性质、问题的严重程度是影响道德敏感性的重要因素	Karcher（1996）

已有的商业道德敏感性研究主要集中于对会计、审计及市场营销人员的研究，且影响因素研究中又以个体层面的影响因素，特别是人口统计学变量为主，仅有少量研究探讨了组织因素或道德强度对商业道德敏感性的影响作用。后续的研究中可以进一步扩展商业道德敏感性研究的职业领域及研究内容，从广度和深度上推进商业道德敏感性的研究。

2.4 文献小结

2.4.1 道德决策领域的研究问题

纵观各道德决策模型的发展与演变可以看出，从本质上讲，这些模型以逻辑图示的形式向我们展现了道德决策的过程。从内容上看，道德决策研究主要关注两个方面：一是道德决策的过程，即道德决策包括哪些阶段以及各个阶段间的相互关系；二是道德决策有哪些影响因素。

Rest（1986）提出的道德决策四成分模型即是关注决策过程的模型，该模型虽然简单，却包含了道德决策的所有关键环节，因此成为后续很多道德决策模型构建的基础，如 Jones（1991）的道德问题权变模型和 Wittmer（2005）的一般伦理决策模型，都是在四成分模型的基础上，检验了不同的影响因素对道德决策的影响。

具体来看，对于"识别道德问题"阶段，Hunt 和 Vitell（1986）的模型认为并不是所有的道德问题都可以被识别，所以使用了"道德问题认知"这一概念；Jones（1991）把"识别道德问题"、Wittmer（2005）把"伦理敏感性"作为其模型中一个明显的成分；Ferrell 和 Gresham（1985）、Trevino（1986）和 Bommer 等（1987）则隐含地提到该过程。可见，这些模型都将道德敏感性或确认道德问题作为模型的重要成分或环节。但是概念的无法统一，导致了该领域研究影响力相对分散，难以引起人们更广泛的关注（郑信军，2008）。并且与其他道德决策成分相比，研究数量还较少，只是在近十年的实证研究中，研究数量和结论才有了显著增长（Craft，2013）。对于这部分研究的不足，也导致了对道德敏感性的性质及内容结构的研究尚未深入。而现实中的情境往往是非常复杂的，是否存在道德含意以及存在什么样的道德含意大都不是那么明确显现的，对道德敏感性的关注和研究不足都将直接关系到对道德决策过程心理机制的测量、干预等应用性研究。

对于"做出道德判断"阶段，Rest（1986）和 Trevino（1986）的模型认为道德认知发展是道德判断阶段的主要成分；Hunt 和 Vitell（1986），Ferrell、Gresham 和 Fraedrich（1989）用道德评价来表示；Jones（1991）和 Wittmer（2005）的模型中明确使用了道德判断。在后续的研究中，哲学领域及心理学领域、管理学领域同时使用道德判断这一概念，但是其操作化定义存在较大的差异，使研究的结果也存在较大的分歧。

Rest（1986），Hunt 和 Vitell（1986），Ferrell、Gresham 和 Fraedrich（1989），Johns（1991）及 Wittmer（2005）都提到了道德判断对道德意图的直接影响，以及在实施道德行为之前需要确定道德意图，而且 Ferrell 和 Gresham（1985）、Trevino（1986）还认为道德判断可对道德行为产生直接影响。可见，上述模型都遵循道德行为如何产生及形成的轨迹，纵向剖析个体的各心理过程及相互作用，具有动态地探究其来龙去脉的特征。但是在各变量的界定和操作上还存在不一致，也造成了现有研究分散、结论不一致的现象。

前述道德决策模型中，大部分都从影响因素角度着力，Trevino（1986）、Bommer 等（1987）都着重探讨了个体与情境的交互作用对道德决策的影响，Ferrell 和 Gresham（1985）的道德决策权变模型中研究了个体因素、重要他人及机会三方面因素的影响，后续 Ferrell、Gresham 和 Fraedrich（1989）的综合性商业道德决策整合模型中，组织文化、机会和个体调节因素对道德决策行为产生前的阶段产生了重要影响。而 Jones（1991）跳出以往影响因素研究只从个体和组织两个方面研究的局限，指出道德问题本身也是影响道德决策的一个重要因素，并引入"道德强度"（Moral Intensity）这一概念，这就弥补了当时已有道德决策研究的缺陷，改变了已有的道德决策研究范式。除了道德强度会对道德决策过程的四个阶段产生影响外，Jones 认为组织因素也会对道德决策过程的后两个阶段产生影响，但是对道德敏感性及道德判断阶段是否存在影响及如何影响并未提及。Brass 等（1998）的社会网络模型中就在 Jones（1991）研究基础上，同时讨论了组织因素、个人因素与相关问题因素对不道德行为的影响，这就使对道德决策影响因素的研究更加全面。

此外，关注道德决策影响因素的研究模型大多强调了道德决策起始于经济、社会、文化和组织环境，如 Ferrell 和 Gresham（1985），Hunt 和 Vitell（1986），Bommer 等（1987），Ferrell、Gresham 和 Fraedrich（1989）的道德决策模型，Wittmer（2005）的模型中将其定义为伦理情境来讨论环境对道德决策的影响。但是上述只是一般意义的提出，缺乏更多更深入的实证研究来检验，特别是对于多种不同层面环境的交互影响作用，并未给予足够的重视。

在 Ferrell 和 Gresham（1985），Hunt 和 Vitell（1986）及 Ferrell、Gresham 和 Fraedrich（1989）的道德决策模型中，还包括了行为结果对未来道德决策的反馈机制。决策者的行为结果及对其的评价会对各影响因素产生作用，进而影响决策者后续的道德决策过程，这有助于决策者改进和优化下一次的决策过程。

总体来看，西方学者对道德决策的研究虽然已经取得了丰富的成果，但还存在很多方面的不足。首先，各学科领域研究范式的不同，造成研究方法及概念界定上存在较大差异，这使不同的研究间难以相互比较，也难以形成统一的结论。其次，这些模型没有经过全面的验证和修正。虽然许多学者在这些模型提出后对其中一部分进行了数据检验，但并没有哪个学者对这些模型进行过全面验证，模型的普适性和稳定性还不能确定（陈丽瑞，2009）。再次，各领域的研究都将关注点放在了影响因素研究上，对道德决策过程本身的研究较为匮乏，特别是都以 Rest 的四成分模型为基础，缺乏新的道德决策理论的构建。最后，作为道德决策的首要成分——道德敏感性，它产生了进行道德判断、行动方式选择及其他道德行为加工过程的需求，而这方面的研究仍有许多地方值得我们深入挖掘，尤其需要增强和完善我国保险营销员的道德决策研究。

2.4.2 道德敏感性领域的研究问题

首先，以故事、情境为素材的道德敏感性非结构性测量方法，具有较高的生态效度，但该方法对故事编撰或情境设置、分析评定都提出很高的要求。以被试自我评价为特征的道德敏感性结构性测量方法，注重经验和逻辑建构，简明高效，但问题缺乏模糊性，被试很容易知道研究的目的，因而被试的社会赞许倾向将影响其测评效度。

尽管国外学者将道德敏感性的测量广泛应用于各个专业领域，采用了多种测量方法，但对于保险从业人员商业道德敏感性的测量却鲜有提及，因此，进一步拓宽视野，研究我国保险营销员道德敏感性的具体内涵，开发出适合我国国情的保险营销员商业道德敏感性测量工具，成为现阶段亟须解决的问题。

其次，现有的道德敏感性影响因素研究变量较多，但大多集中在个体层面的变量。Jones的道德问题权变模型提出后，大量的实证研究又深入探讨了道德强度各维度对道德决策的影响。组织因素作为个体道德决策的重要情境变量，虽然在道德决策的实证研究中取得了一定的实证研究的结果，但是在道德敏感性的研究中却鲜有提及。这种现象不仅存在于研究起步较早的医护道德敏感性研究中，商业伦理范畴内会计、营销等职业领域的道德敏感性研究也是如此。这就使道德敏感性的研究范围很广，但研究的深度不够；对于道德敏感性与具体的前因变量、结果变量的作用机制研究还较为匮乏。特别是对道德敏感性的影响因素研究都是个别的、孤立的，不同层面影响因素的交互作用未有提及。而对于处于社会组织环境中的保险营销员而言，不同因素的交互作用才是影响其商业道德敏感性的根本原因，因此，各层面因素间交互作用对商业道德敏感性的作用机制是本书研究的重点。

具体来看，作为个人层面最根本的道德哲学（Moral Philosophy），由个人道德的信念、态度、价值取向等共同构成。因而，深入探究保险营销员个体的不同道德取向对其商业道德敏感性的影响作用显得尤为必要。

Jones的道德问题权变模型中，虽然强调了问题本身对道德决策的重要影响作用，但作为客观存在的道德问题如何影响个体的道德敏感性，其影响路径和机制并不明朗。而移情可以帮助个体区分出特定情境中的道德特征，并且推动道德行为或抑制不道德行为（李晓明，

2013)。因此，探究保险营销情境下问题的道德强度与营销员移情的交互作用对道德敏感性的影响，可以使我们更清晰地了解保险营销员的商业道德敏感性是如何产生的。

组织成员的行为离不开所处的组织环境，组织伦理氛围是组织伦理环境的具体体现，因而伦理氛围被列为影响员工伦理行为的首要因素。而伦理型领导不仅会促进组织伦理氛围的形成，还会促进员工对工作环境的伦理感知。因而，探究组织伦理氛围及伦理型领导对保险营销员的商业道德敏感性的影响作用及路径，对保险公司的组织管理及建设具有重要的意义。

而在同一组织环境下，虽然面临相同的道德困境，但是每个人感知到的问题的道德强度却是不同的，这会显著影响个体对道德情境中问题的识别，因此，探究问题的道德强度与组织伦理氛围的交互作用对保险营销员商业道德敏感性的影响，可以使我们对组织环境中个体道德敏感性的产生有深入的认识。而 Jones 的问题权变模型中，组织因素只探讨了群体动态、权威因素和社会化过程对道德意图和道德行为的影响。该部分的研究是问题层面和组织层面交互作用于道德敏感性阶段，将扩展道德问题权变理论的研究视角，为该理论的发展提供新的方向和实证检验。

再次，Rest（1986）的四成分道德决策模型，确立了道德敏感性在逻辑上作为道德行为发生的心理成分之始的重要地位。但与其他的道德决策阶段相比，道德敏感性受到的重视最少。故对道德敏感性的影响因素及对道德决策各阶段的影响机制还有待于更多的实证研究来充实验证。已有研究大都得出提高员工的道德敏感性对道德决策行为的产生有积极的影响，但也有少量研究结论不显著，因此探讨保险营销员的商业道德敏感性对其道德判断及道德行为意图的作用具有重要的现实意义。

最后，从国内该领域的研究情况来看，除了郑信军的博士论文从心理学角度对道德敏感性进行了深入研究外，一直鲜有研究专题探讨道德敏感性。大部分研究还是从现象描述或哲学思辨的角度进行论述，仅有的部分实证研究中，也集中在了对道德敏感性的影响因素研究，特别是大部分都集中在了个人层面因素的人口统计学变量中（见表2-1），如性别、年龄或年级、专业或学历等，研究结论占到了总结论数量的一半。此外，研究变量中还包含政治面貌和是否独生子女等这类具有明显中国特色的变量。除此之外，仅对教育培训、价值观、人格、移情对道德敏感性的影响有少量的研究。环境影响因素也仅涉及组织伦理氛围、外界压力及情境三个方面。问题的道德强度对个体道德敏感性的影响研究得出了少量的结论。由此可见，国内对道德敏感性影响因素的研究还处于初步阶段，研究结论较少。

在国内道德敏感性实证研究中，还有部分文献研究了道德敏感性的结果变量，即它在道德决策中的作用，如研究道德敏感性对道德判断、道德意图和道德行为的影响作用（见表2-2）。国内对道德敏感性的研究无论是理论构建或阐述，还是实证研究都未全面展开，道德敏感性的结构维度、测量手段、影响因素、作用机制等基础性领域以及教育培养、社会干预与支持等应用领域，更是几乎空白的问题空间，且保险营销员的商业道德敏感性未被触及。不同于一般心理学领域的道德敏感性研究，本书根植于保险企业实践，将更加丰富和拓展组织环境及问题情境因素对个体道德敏感性乃至道德决策的影响，使本书的研究具有较强的理论意义和更多的实践指导意义。

此外，从学科领域来看，国内的道德敏感性研究大部分是从心理学角度切入和展开，多数采用学生样本和实验研究的方法。少数管理学领域的道德敏感性研究采用访谈或问卷调查的方法。而传统的心理学实验往往牺牲外部效度来达到较高的内部效度，对于各职业领域的道德敏感性研究并不十分适用。研究领域、研究方法和测量工具的差异性，也使研究结论存在诸多不一致的现象。

基于此，本书立足于保险企业实践，首先从保险营销员商业道德敏感性的内容结构入手，探讨该概念的结构维度，并编制出科学合理的测量工具，为后续研究及企业实践提供实操性工具；在此基础上，提出以下理论假设模型（见图2-11），以期探索出个人因素（道德取向、移情作用）、组织因素（伦理型领导、伦理氛围）和问题的道德强度共同交互作用对保险营销员商业道德敏感性的影响路径及效果；

2 文献综述

并进一步研究商业道德敏感性对保险营销员道德判断及道德行为意图的影响作用，为保险企业的商业伦理建设及人力资源管理实践提供可行之策。

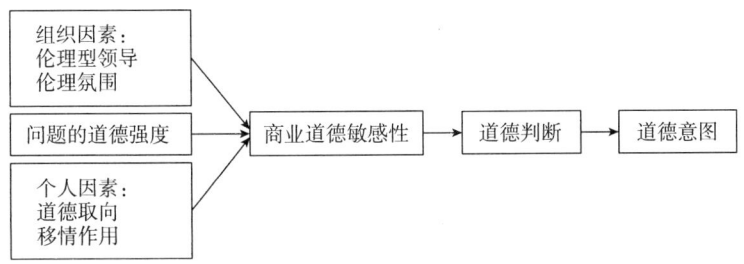

图 2-11　研究理论模型

3 保险营销员商业道德敏感性的内容结构

当问及大多数的保险营销员的时候,他们都会直接表明在其工作过程中会采取负责任的行为并保护其客户的利益(Eastman, Eastman & Eastman, 1996; Hoffman, Howe & Hardigree, 1991)。然而,在实际工作中,一些因素确实为保险代理人实施不道德的行为提供了可乘之机。

首先,保险产品本身,特别是寿险产品有其复杂性和特殊性。Hoffman等(1991)就曾指出,由于保险产品本身的复杂特性,许多购买了保险的客户都不能完全准确理解其购买的产品。因此,客户对保险产品的信息占有上本身就处于劣势,他们只能很大程度上依赖于保险代理人有较好的道德品性。

其次,保险营销员和客户之间的一对一关系也加剧了代理人的道德困境。根据保险代理人的定义可知,他是根据保险人的委托,在保险人授权的范围内代为办理保险业务。从本质上说,保险营销员也是受客户委托来选购产品。客户(保险人)只能依靠保险营销员的专业性来获取产品。客户对代理人的信任取决于他对代理人的受委托责任的期望(Barber, 1983)。换句话说,即代理人和客户之间的关系是建立在代理人会最大程度上维护客户利益的假设基础之上。

由于保险营销员又同时处于其同保险公司的委托代理关系中,正如Kurland(1996)所指出的,销售人员受雇于保险公司也是受保险公司委托来代理其保险产品。因此,除了服务于客户,保险营销人员也同时为保险公司服务。事实上,保险营销人员同时服务于两个委托人,就会对其忠诚性提出考量。公司的短期利益可能会与客户的长期利益产生冲突(Dubinsky, Berkowitz & Rudelilus, 1980)。

3 保险营销员商业道德敏感性的内容结构

现实的严峻性使对保险营销员的道德决策的研究就更为迫切。然而，在道德决策研究中，本身对道德敏感性的关注就较少（O'Fallon & Butterfield，2005），而具体针对保险营销员道德敏感性的研究就更为有限。国内学术界对道德敏感性的研究也刚处于起步阶段，有学者编制了倾向性和情境性道德敏感性量表、教师道德敏感性量表、公务员道德敏感性量表等，但是还未发现测量我国保险营销员的道德敏感性的量表。国外对道德敏感性量表的开发相对较早，并且取得了一些成果。但是，由于中西方文化的差异和伦理价值观的影响，国外现有量表未必适用于中国的情境。本章研究首先运用探索性因素分析得出保险营销员商业道德敏感性的维度结构，然后运用验证性因素分析方法进行结构验证，最后分析验证本量表的信效度。本章试图通过实证调查，研究中国背景下保险营销员商业道德敏感性的维度结构，一方面为后面保险营销员商业道德敏感性的影响因素及其对道德行为的影响关系研究提供测量工具，另一方面也能够对以后的道德敏感性研究有一定的借鉴意义。

3.1 问题的提出

以往对道德敏感性的研究中，大都采用了情境形式来获取道德敏感性（Cohen et al.，1996；Karcher，1996；Shaub，1989），国内道德敏感性的研究中也有部分使用了情境故事来进行测量，如郑信军（2008）在研究情境性道德敏感性时，使用了三个无结构性情境故事。曲学丽（2009）根据新闻工作者的职业道德，选取了6个典型问题作为案例的主题。李琳琳（2009）以公务员日常工作中会遇到的3个情境为内容，围绕7个维度15个子维度编制了《公务员道德敏感性问卷》。任强（2010）和郑信军（2013）在对中小学教师的伦理敏感性研究中，采用了"公开课""批判探究教学"和"数学测验"三个故事来进行教学伦理敏感性测验。由于情境案例的方法有较好的外部效度（能如实反映现实工作中的问题），因而在道德研究中被普遍使用。然而，这种研究设计也有其不利的一面，即只能调查特定伦理情境下的问题，特别是只能测量特定情境下道德敏感性和其他变量的关系。此外，即使是在同一个研究当中，不同情境案例的结果也存在明显差异（Cohen et al.，1996，2001），这就导致了测量的普适性问题。以往道德敏感性的研究尽管结果受所描述的情境所限，但也为今后该领域的研究发展奠定了基础。

以往研究的局限性如下：

（1）使用情境数量有限（使用情境数量较少的话，结论就是从被试被呈现的特殊情境中得出的，这样就会限制结果和结论的普遍适用性）。

（2）缺乏维度（除非我们能够将一些项目归结成维度，否则很难概括或预测道德敏感性）。

（3）缺乏道德问题来平衡不道德的问题（一些研究只关注了不道德的问题，而并没有给被试提供识别道德问题的机会）。

（4）不能很好地控制社会称许性（缺乏对可能损害结果真实性的控制）。

因此，本书在编制保险营销员的商业道德敏感性量表时将努力克服以上局限性。

3.2 测评工具的初步开发

3.2.1 材料

职业道德准则的根本作用在于规范职业行为，然而已有的对道德敏感性的测量很少有道德规范的指导（Bebeau，2002）。如 Clarkeburn（2002）的研究测量了对科学问题的道德敏感性（TESS），尽管其限定在科学领域的范畴，然而并没有建立在任何道德规范基础之上，因而不符合 Baab 和 Bebeau（1990）及 Bebeau（2002）对职业道德敏感性的界定。

本章对保险营销员商业道德敏感性的测量将采取不同于以往的研究

3 保险营销员商业道德敏感性的内容结构

路径,从三个方面获取保险营销员在日常工作中可能存在的道德问题,即已有的职业道德规范、理论文献及实地调查。由保监会于2004年发布的《保险代理从业人员职业道德指引》是对保险营销员职业道德的规范性要求,而通过理论文献和实地调查获取的保险营销员工作中普遍存在的道德问题则属于描述性伦理,三方面有机结合进而探索出我国保险营销员日常工作中有违伦理道德的行为。

《保险代理从业人员职业道德指引》是我国保险代理从业人员最基本的行为规范,对保险代理从业人员应当遵循的职业道德做出了原则性规定。其主体由7个道德原则和21个要点构成。这7个道德原则是:守法遵规、诚实信用、专业胜任、客户至上、勤勉尽责、公平竞争、保守秘密。其中,守法遵规、专业胜任是基础,诚实信用是核心,客户至上、勤勉尽责、公平竞争、保守秘密则可视为诚实信用原则在不同方面的发展。

Hoffman等(1991)的研究中,确认了保险行业普遍存在的9大问题。他们首先通过对10个保险代理人应用名义小组技术(Nominal Group Technique,NGT),确认了保险代理人工作中普遍存在的11项道德问题。然后又请18位州保险和风险管理委员会的保险高管来判断这11个道德问题的有效性,进而删除了两项与其他问题相类似的项目。最后确定出保险代理人工作中9个项目的道德问题。包括:①协助客户向公司骗保(歪曲事实);②歪曲或提供比竞争对手更低价的产品来获得竞争优势(提供低价产品,不正当竞争);③在没有充分告知消费者后果的情况下获得代理许可(许可);④在未向消费者完全披露后果的情况下诱换保单(诱换保单);⑤用保险佣金的部分作为回扣来诱导潜在的投保人(回扣);⑥无保险代理资格证者销售保险(无资格证书);⑦代理人宣称自己的保单和竞争者的保单是等价的,而事实并非如此,歪曲或隐瞒相关产品的信息(等价);⑧将保单报低价而没有告知投保人该单的高免赔额(虚报低价);⑨向公司或承保人提供虚假信息(虚假信息)。

在问卷编制初期,为了更全面地包含保险营销员日常工作中的不道德行为内容,本章设计了一份开放式问卷,题目为"员工职业道德情况调查"(见附录 A)。施测 20 名被试,分别为 3 家不同地区、不同寿险公司的业务主任或经理,他们都是企业一线的保险营销人员,同时又有员工管理的经验。使其用描述性语言列举出保险营销员在工作中有违伦理道德问题的行为。结果共获得 110 条员工日常不道德工作行为描述。

3.2.2　问卷维度设计

Al-Kazemi 和 Zajac(1999)的研究中,将组织中员工涉及道德问题的行为归纳为三类——组织伦理行为、违法行为和人际间伦理行为,并具体分为 14 种,被试对这些行为的道德感知通过李克特量表进行测量。之后,Sidani、Zbib、Rawwas 和 Moussawer(2009)也沿用了该分类的方法。Kim 等(2005)在对韩国护士的调查中也发现,护士在日常工作中对道德问题的敏感性也主要存在于三大方面:个人相关、道德标准和组织制度。Simga-Mugan 和 Onkal-Atay(2003)及 Simga-Mugan 等(2005)研究发现,商业组织中的道德敏感性主要包括对客户和所有者(委托方)的职责、对员工(代理方)的职责,以及对社会(第三方)的责任。Denise(2001)的研究发现,会计人员常见道德问题分为税务变更和欺诈、利益冲突、独立性问题、改变财务报表信息等几个方面。

由此可以看出,在对保险营销员的商业道德敏感性进行测量时,也可以遵循从其工作内容或工作相关对象着手,从利益相关者的角度出发,拟将其分为对公司利益的敏感性、对客户利益的敏感性、对同事利益的敏感性和对同业竞争者利益的敏感性四大类。

在构建测量模型的时候,每个维度又都包含了明显的不道德行为的项目、明显的道德行为的项目及模棱两可的项目。道德项目的设置就是为了防止被试认为所有行为都是不道德的,因此也强化了该工具的敏感性。而介于道德和不道德之间的项目设定也是为了掩盖测量目的,并且确保了不仅能测试被试意识到问题的存在,而且能测量其在多大程度上意识到这是个问题。此外,道德项目也能确保被试能认真阅读问题并做出准确回答。

3 保险营销员商业道德敏感性的内容结构

3.2.3 问卷的生成

3.2.3.1 《员工职业情境处理问卷》条目确定

将初始开放性调查汇总的 110 条保险营销员日常不道德工作行为合并删减后得到 32 条问题描述。将部分行为描述改换成道德问题，同时再加入模糊性问题，并且将不同利益相关主体的行为描述顺序打乱。

为了确保一些重要的维度或项目没有遗漏，采用专家鉴定法进一步对这些道德主题进行判定，要求专家评价这些问题是否正确、是否清晰地反映保险营销员的日常工作行为，并提出相应建议进行改进；请文字专家对条目的语言表述进行审查，确保量表条目没有歧义，使文字更通俗，能够被不同学历水平的员工所理解。

每个维度设置成包含 5~9 个项目：1 个模棱两可的行为，1 个道德行为，其余均为明显的不道德行为。为了降低被试的社会称许性，将预测试量表名称中的提示性词汇"道德敏感性"去掉，生成了《员工职业情境处理问卷》(见附录B)，并编写指导语。

3.2.3.2 记分方式

本问卷采用题目计分法（Item-keying），即通常假定在题目分数和效标之间存在单一的线性关系，不考虑两者之间的非线性关系。在形式上采取李克特七点评分法。在每道题目后面设置 7 个选项，其中，1 代表极其同意，4 代表无所谓，7 代表极其不同意，2、3、5、6 为以上观点的中间状态。7 个选项上的得分依次为 1~7 分。为了降低社会称许性，量表的评分并没有像以往道德敏感性的测量那样设置为"极其道德"到"极其不道德"的描述，改为了隐蔽性更强的"极其同意"到"极其不同意"的描述方式。将项目中属于同一道德敏感性维度的得分相加得出该维度道德敏感性的总分。

3.3 研究方法

3.3.1 被试

本章依据随机抽样和便利抽样相结合的原则,从石家庄、保定、邯郸等地的平安保险、太平洋保险、中国人寿保险选取了 220 名保险营销员作为被试。此阶段共发放调查问卷 220 份,其中回收有效问卷 158 份,样本的有效回收率为 71.8%。数据收集和录入历时约 1 个月。具体样本构成情况如表 3-1 所示。再次施测在三个月以后,按照便利抽样的原则,得出的样本为验证性因子分析所用,调查选取了石家庄、保定、邯郸等地的平安保险、太平洋保险、中国人寿保险以及长城保险和太平保险公司的 650 名保险营销员,回收 521 份问卷,有效样本为 417 份。男性占 32.1%,女性占 67.9%。

表 3-1　初测样本的人口统计学特征

项目	类别	人数	有效人数百分比(%)	有效值
性别	男	47	29.7	158
	女	111	70.3	
年龄	30 岁以下	30	19.0	158
	31~40 岁	62	39.2	
	41~50 岁	58	36.7	
	50 岁以上	8	5.1	
受教育程度	初中	7	4.4	158
	高中	69	43.7	
	专科	63	39.9	
	本科	18	11.4	
	研究生	1	0.6	

3 保险营销员商业道德敏感性的内容结构

续表

项目	类别	人数	有效人数百分比（%）	有效值
业内工作年限	2年以下	47	29.7	158
	3~5年	66	41.8	
	6~8年	25	15.8	
	9~11年	16	10.1	
	12年以上	4	2.5	
工作性质	普通保险营销员	115	72.8	158
	业务主任	28	17.7	
	业务经理	15	9.5	

3.3.2 数据分析

利用SPSS18.0统计软件对初测样本158人的数据进行录入和处理，进行了描述性统计分析、项目分析、t检验和探索性因子分析。再利用AMOS17.0对初测基础上提出的保险营销员商业道德敏感性结构进行验证。

3.4 统计结果与分析

3.4.1 项目分析

项目鉴别度（Item Discrimination）反映了测验题目能够正确测得受测特质的内容的程度，并能够鉴别个别差异的能力，是对项目进行评价和筛选的主要指标（顾海根，2008）。本章以常用的极端组检验法和同质性检验来分析项目鉴别度。

在全体受测的158人中，取量表总分最高27%（42人）和最低27%（43人）的被试作为极端组，进行平均数差异检验。具有鉴别度的题目，在两个极端组的得分应具有显著差异，t检验达到显著水平。此时，t值又称为决断值（Critical Ratio，CR值），当CR值达到显著水平时，表明该项目对不同被试的特质水平能有效鉴别；如CR值达不到显著水平，则表示该项目鉴别度较差，应考虑予以删除。有研究者认为，CR值大于3才具有鉴别力（邱皓政，2002）。本章的研究结果显示，t检验未达到0.05显著水平的有第3、第6、第20、第24题，CR值在项目上小于3的有第3、第4、第6、第11、第15、第20和第24题，表明这些题项明显无法鉴别高低分者。

为了更精确地分析试题的内部同质性，可以由项目与总分的相关来评估。常用的相关分析法是计算每一个项目与总分的简单积差相关系数，一般要求在0.3以上，且达到统计的显著水平。SPSS信度分析中提供的校正项目总分相关系数（Corrected Item-total Correlation）是每一个题目与其他题目加总后的总分的相关系数，可用来清晰地辨别某一题目与其他题目的相对关联性。个别试题的同质性检验以相关系数低于0.3为标准。统计结果表明，这项指标不够理想的项目有第3、第4、第6、第11、第15、第19、第20和第24题，其他稍差的还有第1、第23和第29题。

此外，利用因素分析，当因素设定为一个主成分时，各题目具有一定水平的因素负荷量。分析结果发现，全量表的同质性较高，内部一致性系数为0.768，显示出量表项目具有相当的同质性。个别试题的同质性以因素负荷量低于0.3为标准，结果显示第3、第4、第6、第11、第20和第24题项低于该标准，其他稍差的题目还有第1、第15、第23、第29、第32题。

综合以上三项指标的检验，删除第1、第3、第4、第6、第11、第15、第19、第20、第23、第24、第29题，共11项。这些项目中，第3、第15、第20和第24项为预设的无关道德的问题题项，第6、第11、第19为反向题项，都被剔除出来。剩余21项题目用以下一阶段量表施测。

3.4.2 探索性因子分析

为了进一步完善量表及分析量表的结构,本章对项目分析后保留的21个项目进行探索性因子分析。

3.4.2.1 样本的适合性检验

在进行因子分析时,要求原有的变量之间存在较强的相关性,如果没有较强的相关关系,则无法从中综合出能反映某些变量共同特征的少数公共因子。

通常用两个指标对是否适合做因子分析进行评估:一个是KMO测度。Kaiser认为,KMO值大于0.9时,效果最佳;0.8以上表示适合;0.7以上表示一般;0.6以上表示不太适合;0.5表示很差;0.5以下表示不能接受。样本适合性的检验结果如表3-2所示,KMO值为0.783,说明适合做因子分析。另一个指标是Bartlett's球形度检验。表3-2显示检验所得结果$\chi^2=1301.191$($df=210$,$p<0.001$),拒绝"相关矩阵为单位矩阵"的原假设,适宜做因子分析。因此,两个指标都表明适合对数据进行因子分析。

表3-2 样本适合性的检验结果

Kaiser-Meyer-Olkin 取样适切性量数		0.783
Bartlett's 球形度检验	近似卡方分配	1301.191
	自由度	210
	显著性	0.000

3.4.2.2 共同因子的提取

由于因子分析的最终目标是获得具有理论意义的因子,因此在对21个测量题项作探索性因子分析时采用主成分分析法中方差最大斜交旋转法,获得测量指标的因子分析旋转载荷矩阵。同时,为了获得具有理论意义的因子结构,本章采用以下三条标准来筛选合适的题项:第一,变量在某一因子上的负荷最小值为0.4;第二,变量与其他变量之间只有很低的交叉负荷;第三,某一变量的内涵必须与测度同一因子的

保险营销员的商业道德敏感性

其他变量的内涵保持一致（石贵成、王永贵、邢金刚和于斌，2005）。题项 13、31 的因子载荷在各维度上都低于 0.3，予以删除。保留条目 19 项，得到 5 个有意义的因子，分别解释方差变异的 29.652%、11.142%、8.447%、6.664% 和 5.844%，累计解释方差变异的 61.748%（见表 3-3）。陡坡检验如图 3-1 所示。

表 3-3 保险营销员商业道德敏感性量表的总变异量解说

成分		初始特征值			平方和负荷量萃取			转轴平方和负荷量
		总和	方差百分比（%）	累计百分比（%）	总和	方差百分比（%）	累计百分比（%）	总和
维度	1	5.634	29.652	29.652	5.634	29.652	29.652	4.207
	2	2.117	11.142	40.794	2.117	11.142	40.794	2.957
	3	1.605	8.447	49.240	1.605	8.447	49.240	3.306
	4	1.266	6.664	55.904	1.266	6.664	55.904	2.801
	5	1.110	5.844	61.748	1.110	5.844	61.748	2.511
	6	0.903	4.752	66.500				
	7	0.839	4.416	70.916				
	8	0.803	4.227	75.143				
	9	0.709	3.733	78.876				
	10	0.631	3.323	82.199				
	11	0.561	2.953	85.152				
	12	0.533	2.807	87.959				
	13	0.522	2.747	90.706				
	14	0.415	2.187	92.892				
	15	0.362	1.904	94.797				
	16	0.317	1.670	96.466				
	17	0.246	1.296	97.763				
	18	0.222	1.166	98.929				
	19	0.203	1.071	100.000				

3 保险营销员商业道德敏感性的内容结构

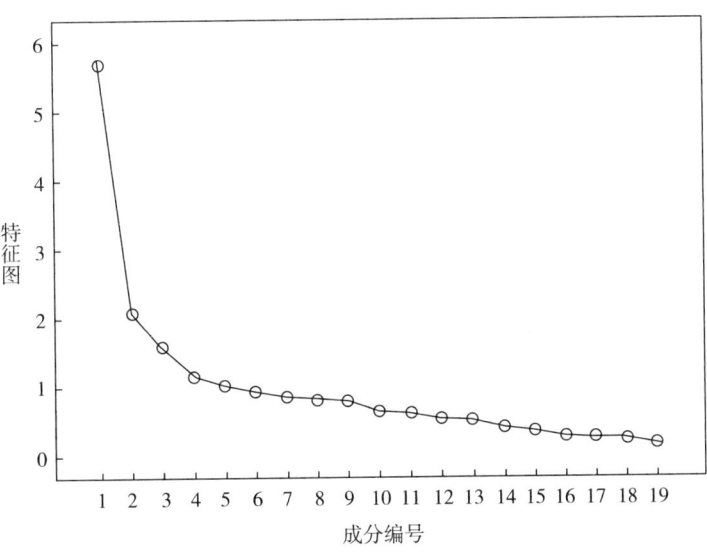

图 3-1 陡坡检验

根据斜交旋转后的因子载荷矩阵可知，因子一在题项 2、8、14、21、25、26、27 上有较大的载荷；因子二在测项 28、30、32 上有较大载荷；因子三在项目 16、17、18 上有较大载荷；因子四在 5、9、10、22 上有较大载荷；因子五在 7、12 上有较大载荷。

对五个因子所包含的主要内容进行分析，然后进行如下的命名：

因子一：欺瞒公司，指的是保险营销员在工作中侵犯公司利益相关的伦理内容。如量表中提到的"某保险营销员在明知客户已生重病的情况下，仍向公司隐瞒该客户的信息，帮助他购买了保险；某保险营销员劝说客户退保，重新购买新产品，自己从中获利"。

因子二：侵犯客户，指的是保险营销员工作中侵犯客户利益的伦理内容。如量表中的"某保险营销员在被潜在客户拒绝后，使用不文明语言侮辱客户；某保险营销员在跟家人聊天时泄露了客户的个人信息"。

因子三：虚假信息，指的是保险营销员工作中涉及的各种不实信息的伦理内容。如量表中的"虽然客户资料不完整，但某保险营销员急于交单完成任务，就直接编写了客户信息，而后也没有通知客户及时变更；某保险营销员向老年客户推荐产品时不告知保险期间"。

因子四：误导客户，指的是保险营销员工作中误导客户的各种不道德内容。如量表中"某保险营销员向客户承诺保险条款以外的额外利益；某保险营销员威胁客户资金不安全，劝说客户购买保险理财产品"。

因子五：严重违规，指的是保险营销员工作中严重违反制度规定的伦理内容。如量表中的"某保险营销员截留客户的保费或赔偿费；某保险营销员为了获得某优质客户，打电话威胁其他公司的营销员"。

此时19项题目形成的量表命名为"保险营销员商业道德敏感性量表-2"。由于探索性因子分析是数据驱动的，所得出的结构是否可靠、有效，还应使用验证性因子分析进行检验。

3.4.3 验证性因子分析

本章采用结构方程模型AMOS17.0对正式施测的417个有效样本进行验证性因子分析。进行此分析的主要目的有两个：一是判断测量模型的优劣，主要是将假设模型与零假设模型相对照，判断假设模型的绝对拟合状况；二是比较竞争模型的优劣，由于一批数据可以有多个拟合的模型，关键是寻找到拟合更优的一个（张剑，2003）。

衡量模型优劣的拟合指标很多，卡方与自由度比值 χ^2/df、RMSEA，越接近0表明模型拟合越好。一般认为 $\chi^2/df<3$ 表示整体模型拟合得非常好，当样本容量较大时小于5也可以接受；RMSEA<0.08模型拟合理想。其他拟合指标，如IFI、NFI、RFI、CFI的变化范围均在0到1之间，越接近于1越好，大于0.9被认为拟合很好，大于0.8被认为拟合较好，可以接受（侯杰泰、温忠麟和成子娟，2004）。

初始模型的拟合指数并不理想，需要对原模型进行调整。通过理论的推导，以及参照各项目间的相关系数，发现一些项目的意义表述相近，可以进行合并。另外，根据修正指数的提示，对不合适的项目进行了转移、删除。最后得到了4个因素15个项目的模型1，分别命名为：欺瞒公司、侵犯客户、虚假信息和人身攻击。

首先，验修正后的四因素模型（模型1）的绝对构想效度，结果表明各拟合指数都较好地符合要求（见表3-4）。

3 保险营销员商业道德敏感性的内容结构

表 3-4 各模型的拟合度对比

拟合指标	χ^2	χ^2/df	GFI	NFI	RFI	IFI	CFI	RMSEA
模型 1	218.067	2.908	0.937	0.958	0.941	0.972	0.972	0.068
模型 2	328.063	3.953	0.903	0.936	0.919	0.952	0.951	0.084
模型 3	355.467	4.557	0.901	0.931	0.907	0.945	0.945	0.092

从表 3-4 中可以看出，模型 1 的 χ^2/df 为 2.908，拟合性良好；绝对适配度指数 RMSEA 为 0.068，GFI 值为 0.937，是理想的拟合；增值适配度指数 NFI、RFI、IFI 和 CFI 分别为 0.958、0.941、0.972 和 0.972，接近 1。综合以上指标，可以认定本章得出的保险营销员商业道德敏感性的结构是可以接受的。路径图如图 3-2 所示。

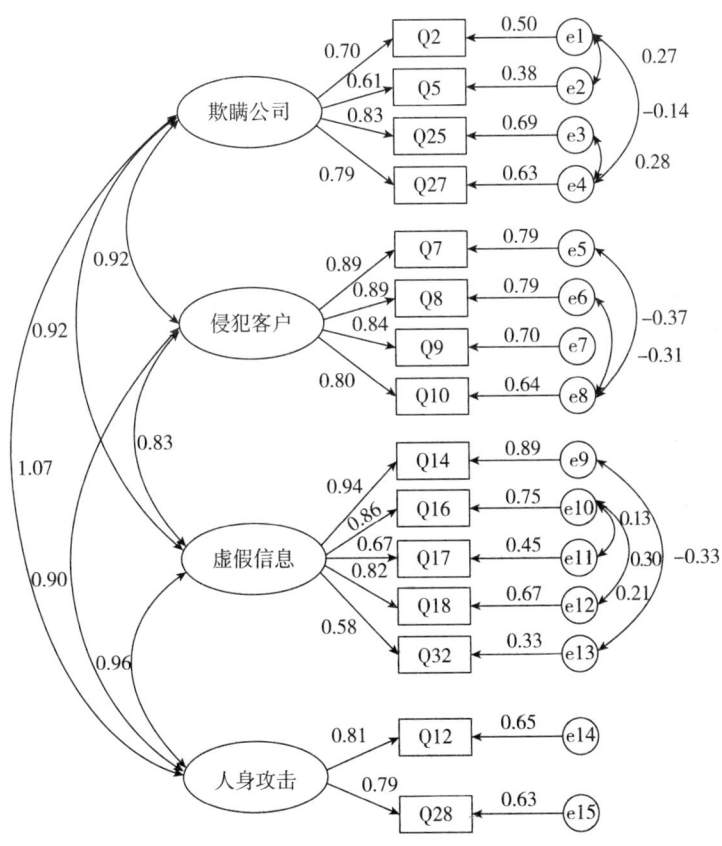

图 3-2 保险营销员商业道德敏感性四因素模型

其次,检验四因素模型的相对优越性。为了进一步证实四因素模型假设的合理性,又提出了另外两个竞争模型:一是单因子竞争模型(模型2),即将四个因子合成为一个维度。这是由于研究中发现整个量表的内部一致性系数较高(见表3-5),是否意味着保险营销员的商业道德敏感性是由一个维度构成,四维度模型属于过度拟合?因此,希望通过与单因子模型竞争对此进行检验。二是基于公司、客户和竞争者三方面敏感性内容的考虑,构建三因素模型(模型3)。

表3-5 保险营销员商业道德敏感性量表信度分析

维度	条目	CITC值	项目删除时的Alpha值	α值
欺瞒公司	G2	0.688	0.952	0.841
	G5	0.620	0.953	
	G25	0.819	0.949	
	G27	0.751	0.950	
侵犯客户	K7	0.799	0.949	0.899
	K8	0.796	0.949	
	K9	0.777	0.950	
	K10	0.718	0.951	
虚假信息	X14	0.861	0.948	0.883
	X16	0.802	0.949	
	X17	0.647	0.952	
	X18	0.783	0.950	
	X32	0.531	0.955	
人身攻击	J12	0.800	0.949	0.779
	J28	0.773	0.950	

表3-4还列出了三个模型拟合指标的对比情况,结果显示单因素模型和三因素模型也基本达到各项指标,但RMSEA高于临界值。通过比较,本章得出的四因素模型更加优越地拟合了样本数据,证明了该模型的合理性。至此,本章形成了正式的四维度保险营销员商业道德敏感性量表。

3.4.4 量表的信度检验

为进一步了解量表的可靠性与有效性，需要对量表进行信度检验。信度（Reliability）即是测量的可靠性（Trustworthiness），是指测量结果的一致性（Consistency）或稳定性（Stability）。本章运用SPSS18.0软件对正式施测的417份问卷中的15个题项进行信度分析，结果如表3-5所示。

量表的信度越高就代表量表越稳定。Cronbach's α 值≥0.7时，属于高信度；0.35≤Cronbach's α 值<0.7时，属于尚可；Cronbach's α 值<0.35时，则为低信度（荣泰生，2010）。对验证性因子分析问卷的整体信度进行检验，Cronbach's α 值是0.954。由表3-5可知，各因素的Cronbach's α 值按顺序依次为0.841、0.899、0.883和0.779，分量表的内部一致性α系数都达到了0.7以上，而且在删除该项目后的校正项目总分相关系数（CITC值）均低于每个维度目前的状态，说明量表所有项目均有良好的信度。量表各个题目的"Alpha if Item Deleted"值均在0.95左右变化，且变化的幅度很小。所以，量表的信度较好，无须再调整项目。

同时，本章还测量了量表的折半信度以检验其内部比较信度。表3-6列出了量表的折半信度，折半系数为0.913，一般认为大于0.6是可接受的（付维会，2013）。测项折半后的两部分Cronbach's α 值分别为0.924和0.913，均大于0.6，故可以接受。通过以上三种信度检验证明，本量表具有较好的信度。

表3-6 保险营销员商业道德敏感性量表的折半信度

Cronbach's α 值	第1部分	数值	0.924
		项目的个数	8
	第2部分	数值	0.913
		项目的个数	7
		项目的总个数	15

续表

形式间相关 Spearman-Brown 系数		0.853
	等长	0.920
	不等长	0.921
Guttman Split-Half 系数		0.913

3.4.5 量表的效度检验

内容效度是指测验题项对所测特质内容的代表性（郑显亮，2010）。本量表的题项来源于对保险营销员的开放式预调查和深入访谈的结果，这就使量表的题项能够充分反映保险营销员商业道德敏感性的实际表现。另外，在量表的形成过程中，还请相关的专家和管理学研究生就量表的题项是否能测查保险营销员商业道德敏感性的内涵及语句含义的清晰性方面进行了多次审查、修改，从而保证了该量表具有较高的内容效度。

建构效度是指测量工具能测得一个抽象概念或特质的程度。建构效度又分为收敛效度和区别效度。收敛效度可以由因子提取的平均方差（Average Variance Extracted，AVE）判断。AVE 是计算各测量条目对其所归属维度（潜变量）的平均变异解释力，评价了维度相对于测量误差来说所解释的方差总量（耿昕，2011）。具体操作为：第一步，考察每一个潜变量的标准化因子载荷系数，载荷值应大于0.5，这意味着项目与其潜变量之间的共同方差大于项目与误差方差之间的共同方差，都是显著的；第二步，考察 AVE 值。AVE 值应大于0.5，这意味着每一个因子所提取的可解释50%以上的方差（Fornell & Larcker，1981）。

从表3-7中可以看出，欺瞒公司维度、侵犯客户维度、虚假信息维度、人身攻击维度的 AVE 均超过0.5，表示保险营销员商业道德敏感性各维度的测量具有较好的收敛效度。

3 保险营销员商业道德敏感性的内容结构

表 3-7 保险营销员商业道德敏感性量表收敛效度检验

维度	条目	标准化载荷	标准误差（S.E.）	AVE
欺瞒公司	G2	0.70	0.083	0.54
	G5	0.61	0.099	
	G25	0.83	0.063	
	G27	0.79	0.062	
侵犯客户	K7	0.89	0.049	0.73
	K8	0.89	0.044	
	K9	0.84	0.051	
	K10	0.80	0.083	
虚假信息	X14	0.94	0.035	0.62
	X16	0.86	0.041	
	X17	0.67	0.079	
	X18	0.82	0.049	
	X32	0.58	0.115	
人身攻击	J12	0.81	0.063	0.64
	J28	0.79	0.058	

对于各维度间是否存在足够的区别效度，常用的评估方法是检验两个构成变量之间的相关系数必须低于 0.85，否则会形成多重共线性问题（吴志平和陈福添，2011）。本研究模型中四个构成变量之间的相关系数如表 3-8 所示，最大为 0.829，均小于标准值 0.85。由此可以判定，本章开发的我国保险营销员商业道德敏感性量表具有较好的区别效度。

表 3-8 量表四因素的相关系数

	欺瞒公司	侵犯客户	虚假信息
侵犯客户	0.806**		
虚假信息	0.762**	0.765**	
人身攻击	0.829**	0.778**	0.799**

注：** 表示 $p < 0.05$。

3.5 讨论与结论

本章通过文献查阅、开放式问卷、深入访谈、专家鉴定等定性研究方法,并通过项目分析、相关系数法、因子分析法及建构效度等定量研究方法,最终确定了保险营销员商业道德敏感性正式研究量表,有针对性地前后收集了158份和417份有效问卷,利用SPSS18.0及AMOS17.0等统计软件,对保险营销员商业道德敏感性做了探索性因子分析和验证性因子分析。实证分析结果表明,保险营销员商业道德敏感性包含与公司、客户、信息和人身攻击相关的四个维度内容,本章编制的中国情境下保险营销员商业道德敏感性量表信度与效度较好,是一个有效的测量工具。虽然目前有越来越多的研究关注道德决策,但本书首次针对保险营销员的商业道德敏感性设计和开发出相对全面的、符合心理测量的、可操作化的有效量表,填补了保险行业道德决策研究领域的一项空白,为保险营销员商业道德敏感性的测评提供了基础的理论工具。

本问卷由15个简短项目构成,经专家评判及项目分析,每个项目都反映了保险营销员日常工作中存在的商业道德问题。测试过程中,保险营销员普遍反映题目容易理解,回答方便,所需时间约15分钟,容易被营销员所接受,便于快速、准确了解其商业道德敏感性及其结构特点,易于推广。

目前,对于道德敏感性的内涵和结构研究,针对不同行业,研究者们有不同的看法和结论。本书针对保险行业,通过对保险营销员工作中常见道德问题的分析,将商业道德敏感性界定为员工对工作情境中蕴含的道德元素的领悟和解释能力,即能敏感地认识到"这是个道德问题";并基于利益相关者理论,提出保险营销员的商业道德敏感性可能包含对公司利益的敏感性、对客户利益的敏感性、对同事利益的敏感性和对竞争者利益的敏感性四大类;通过对初始问卷的项目分析和探索性因子分析,发现了对同事和竞争者利益的敏感性两个维度的项目分散到各个具体维度之中,聚合不拢,而与信息相关的问题、人身攻击问题形

3 保险营销员商业道德敏感性的内容结构

成了新的维度;通过理论的推导,以及参照各项目间的相关系数,对项目进行了转移、合并及删除,最后得到了四个因子:欺瞒公司、侵犯客户、虚假信息和人身攻击。

此外,探索性因子分析还发现初始维度中的对客户利益的道德问题分为两个维度——侵犯客户和误导客户,而误导客户也是侵犯客户利益的一种形式,因而在验证性因子分析时,将两个维度合并为侵犯客户。同时,最终问卷还从原工作中存在的道德问题等维度中提炼出了一个虚假信息的新因子。保险营销员无论与公司还是与客户之间,都是一种委托代理关系,而委托代理关系中的信息不对称就是造成保险欺诈问题的主要原因,因此对虚假信息的道德敏感性也是保险营销员商业道德敏感性中不可或缺的一个重要因子。预设维度中对同事和竞争者利益的商业道德敏感性项目经项目检验和探索性因子分析后,只剩下了威胁同业竞争者一项,该项目与侮辱客户项目意义表述相近,合并为了人身攻击因子。总之,通过文献分析和实证研究,初步探明了保险营销员商业道德敏感性包含对欺瞒公司、侵犯客户、虚假信息和人身攻击问题的道德敏感性的一阶四因子结构,这是本书的重要创新,具有一定的理论和实践价值,为深入研究保险行业中的道德决策提供了坚实的基础。

与以往国外的道德敏感性研究相比,本书将保险营销员从一般组织员工的范围中剥离,发现了不同于其他职业员工道德敏感性的特点。以往研究中,道德敏感性的维度多限于个人、组织或法律制度几个方面,如会计道德敏感性量表包含使用公司资源、欺诈、受贿、独立性、道德地与同事相处及行贿六个维度(Triki, 2012)。而由于保险营销员工作时间的弹性和管理的相对松散性,使其日常工作中不存在公物私用的问题,其他维度上与会计人员的道德敏感性是相通的,都包含与欺诈及人际关系相关的维度。此外,本书发现了虚假信息这个新的维度。究其原因可能在于,在美国、日本等发达国家,无论是企业还是个人都有信用值,保险人很容易通过某种方式得到代理人的信用值。而在我国,保险人一般很难获取代理人的真实信用,这种信息不对称的状况很容易被一些道德败坏者利用,给保险人造成损失(宫兆明,2006)。同样处于委托代理关系中保险代理人,信息相关的问题对我国保险营销员道德敏感性的影响要远高于国外。

在我国保险代理制度的体制下，保险营销人员与保险公司签订的是业务代理合同，而不是一般意义上的劳务合同。保险营销员没有底薪，也没有正常的社会保险、公积金等福利待遇。其全部收入均来自佣金所得，而且往往还需要自费承担日常的展业费用。但保险是一种特殊商品，它要求营销员不仅具有大量的专业知识，而且对心理素质有很高的要求。较大的经济压力和较高的工作要求使保险营销员相比其他职业员工的离职率要高很多。2009年美国保险公司营销代理人的13个月留存率在60%~80%，而我国目前保险营销员13个月留存率平均约为30%，两年留存率不到15%，远低于其他国家和地区的水平（左小川，2010）。即使是留下来的员工机会主义意图也较为明显。这些都导致了我国保险营销员道德敏感性不同于其他职业员工，也与国外保险代理人有较大的差异。

综上所述，本章通过对量表的预测试和正式测试，探讨了保险营销员商业道德敏感性的内容结构，并编制了我国保险营销员的商业道德敏感性量表，主要研究结论如下：

（1）本章研究通过文献查阅、开放式问卷、深入访谈、专家鉴定等定性研究方法，确定了我国保险营销员商业道德敏感性初始量表；通过对158份初测样本进行项目分析和探索性因子分析，形成了量表的初始五个维度。

（2）通过对正式施测的417份样本进行验证性因子分析，并将量表修正，形成的保险营销员商业道德敏感性包含与欺瞒公司、侵犯客户、虚假信息和人身攻击相关的四个维度内容，且四因素模型具有较好的拟合度，15个测项在各自对应的因素上都有较高的载荷。并且通过与单因素模型和三因素模型各拟合指标的对比，四因素模型具有更好的拟合度，说明对我国保险营销员而言，其商业道德敏感性的四因素模型具有更大的合理性。

（3）在此基础上获得了保险营销员商业道德敏感性量表。该量表有四个维度、15个条目，具有较好的信度与效度指标，为我国保险营销员商业道德敏感性的评价与研究工作提供了有效与可靠的工具。

4 个体与问题因素对商业道德敏感性的交互影响

4.1 研究目的

虽然前述研究探明了保险营销员商业道德敏感性的内容结构,但是哪些因素影响和造就了保险营销员的商业道德敏感性?以往研究集中在对个体层面影响因素的讨论,组织层面和问题的道德强度对商业道德敏感性的影响虽也有少量研究,但相对来说对这些因素的探讨都是个别的、孤立的,而处于社会组织中的个体,会同时受到个体因素、组织因素及问题本身的交互影响作用,这些因素是无法割裂开的。这些因素是如何交互作用于保险营销员的商业道德敏感性的?交互作用对商业道德敏感性的影响作用机制是什么?在本书接下来的两章里将分别进行深入剖析和讨论。

Ferrell 和 Gresham(1985)的市场营销组织道德决策权变模型中,就强调了个人价值取向对其道德决策的影响,Hunt 和 Vitell(1986)也将个体的价值取向(义务论和目的论)整合进市场营销道德决策通用模型中。作为个人层面最根本的道德哲学(Moral Philosophy),由个人道德的信念、态度、价值取向等共同构成。Schlenker、Miller 和 Johnson(2009)指出,道德取向(Ethical Ideology)提供了个体解释和评估有关道德事件的基本模式,这一基本模式被称为道德图式(Moral Schema),它是个体所习得的经验、概念所建构出来的一个认知架构,也是个体收集和解读信息的思考模式。因此,个体对事件、情境、议题等的道德成分之敏感程度，取决于个体的道德取向。而深入探究保险营销员个体的不同道德取向对其商业道德敏感性是否存在影响及如何产生影响，在道德敏感性的影响因素研究中是首要的，也是非常重要的。

然而，个体的道德取向作为其根本的价值观，通常是根深蒂固、难以改变的。情感主义者和道德心理学家认为，道德的滑坡、道德的败坏都源于社会中行为主体道德良知的缺失。他们认为移情是一种能力，可通过训练培养而得，再加上移情心是人内在固有的，由此，他们主张通过对主体移情的培养可唤起和提高人们的道德良知及道德素质（王利华，2012）。可见，移情作用的可干预和可培养性，为道德敏感性的训练和提高提供了更现实的路径。以往的道德决策研究中，学者们只重视了影响道德决策的认知因素，忽视了情绪对道德决策的影响。而情绪可能在诸因素对道德决策的影响中起中介作用（李晓明，2013）。移情作为一种典型的道德情绪，能够引导道德思想并激发道德行为的产生。而移情作用的认知成分和情感成分两个维度对道德敏感性的影响路径是否相同？探讨移情作用对保险营销员的商业道德敏感性的影响作用，可以使情绪对道德决策的影响研究更为深入。

Jones的道德问题权变模型中，虽然强调了问题本身对道德决策的重要影响作用，但作为客观存在的道德问题如何影响个体的道德敏感性，其影响路径和机制并不明朗。在此基础上，本章尝试将个体的移情作用引入道德问题权变模型，来分析和解释道德问题对商业道德敏感性的影响，进而探究个人层面的移情作用与问题层面（道德强度）变量对商业道德敏感性的交互影响作用。

此外，道德问题本身的强度不同，即决策情境的突显性和生动性不同，也可能导致不同道德取向的个体对所处情境中隐含道德问题的感知和识别存在差异，进而影响其道德敏感性水平。而不同道德取向的个体价值判断标准不同，为此，本章尝试分别探讨道德问题强度在不同道德取向对商业道德敏感性影响中的调节作用，进而探究个人层面的道德取向与问题层面（道德强度）变量对商业道德敏感性的交互影响作用。

4 个体与问题因素对商业道德敏感性的交互影响

4.2 研究假设

基于以上研究目的,本章提出道德取向、问题的道德和移情作用强度对保险营销员商业道德敏感性的交互作用关系的基本假设。

4.2.1 道德取向

道德取向是个体对待伦理问题所持有的价值哲学与判断标准,表明个体的伦理态度,指引个体的伦理行为,是个体文化风俗和自身固有价值观的产物(Yetmar & Eastman,2000)。Forsyth(1980)将道德取向依照个体对结果的重视以及对程序的重视,区分成理想主义(Idealism)和相对主义(Relativism)两个维度。

理想主义根源于目的论,代表个体对他人福利的关注程度,强调避免带来伤害(吴红梅,2011)。高理想主义的个体认为,在追求想要的结果时,应采取避免对他人造成伤害和牺牲的行动与决策,而非从所有会造成伤害的选择中,采取伤害最小的决策。所以,高理想主义者认为,只要采取正确、符合道德原则的行动,就可以达成想要的结果。相对地,低理想主义者则主张,为了达到好的结果,有时伤害和牺牲是被允许和必须的,即好与坏的结果往往是混合发生的(Forsyth,1980,1985,1992;Forsyth,Nye & Kelley,1988)。

相对主义根源于义务论,代表个体拒绝普世道德规范约束的程度。高相对主义的个体会质疑普世道德规范的价值,认为个人的行动和决策取决于当时的情境,面对不同的情境,个体可能采取不同的决策、态度和行为,不一定会遵从普世的道德规范。换言之,高相对主义的个体对事件的判断、对情境本质的考虑会优于道德规范(Forsyth,1985;Forsyth et al.,1988)。而低相对主义者较重视道德准则,因此会根据道德准则来评估事件,并采取符合道德规范的行动和决策。简单来说,低相对主义的个体认为,所谓"对的行动"就是符合道德规范的行动

(Forsyth, 1981, 1992; Forsyth et al., 1988)。

大部分实证研究表明,个体的理想主义越高,对于议题、行为本身所隐含的道德成分的敏感度会越高;而相对主义越高的个体,对于行为、议题本身的敏感度越低(Shaub, 1989; Shaub et al., 1993; Sparks & Hunt, 1998; Erffmeyer, Keillor & LeClair, 1999)。

对于我国保险营销员而言,影响其价值判断的最根本的内在道德取向是什么?对其商业道德敏感性是否存在影响作用呢?据此,本章提出如下假设:

H4-1a:理想主义道德取向正向显著影响保险营销员的商业道德敏感性。

H4-1b:相对主义道德取向负向显著影响保险营销员的商业道德敏感性。

4.2.2 道德强度

Jones基于道德强度提出道德决策权变模型(见图2-7)时曾指出,问题的道德强度会影响到决策情境的突显性和生动性,当个体面临一个决策情境时,如果该情境对其他人具有重要影响,那么它会变得更加凸显,进而会吸引更多的注意,从而使个体更容易意识到该情境涉及道德问题(李晓明,2013)。后续许多学者对道德强度与道德敏感性的关系进行了探讨,认为两者之间显著正相关(Barnett, 2001; Butterfield et al., 2000; Chia & Mee, 2000; Frey, 2000; Marshall & Dewe, 1997; Singhapakdi et al., 1996)。例如,Butterfield等(2000)研究发现,后果严重性和社会一致性对竞争情报领域从业者的道德意识有较强影响。Leitsch(2004)将道德敏感性定义为识别出情境中道德问题的能力,并证实了道德敏感性与道德强度之间存在联系。Singhapakdi等(1996)发现问题的道德强度是道德感知的重要预测变量,并且随着对问题道德强度感知的增加,对道德问题的敏感性也增加了(Singhapakdi et al., 1999)。

为探究Jones所提出的问题道德强度与道德敏感性的相互关系,本章提出假设 H2。而道德强度各维度与道德敏感性的关系结论并不一致，故本研究只关注道德问题本身，而不再分维度讨论它们之间的关系。

H2：问题的道德强度正向显著影响保险营销员的商业道德敏感性。

过去实证研究显示，个体所持有的道德取向会影响其对道德问题的敏感程度。Shaub 等（1993）认为，理想主义倾向的个体更加关注道德规范和可能对他人造成的伤害，从而更能识别出问题情境中含有的道德内容。相对主义倾向的个体则正好相反，当存在道德问题时，他会理解为在这个社会中道德标准就是这样的，由于有借口和托词，对将会造成的伤害关注就会比较少，从而伦理水平有可能更低。而道德问题本身的强度不同，即决策情境的突显性和生动性不同，也可能导致不同道德取向的个体对所处情境中隐含道德问题的感知和识别存在差异，进而影响其道德敏感性水平。此外，已有研究表明，问题情境会在个体道德取向对道德决策的影响中起到调节作用（Callanan，Rotenberry，Perri & Oehlers，2010）。据此可以推断，问题的道德强度在个体的道德取向对道德敏感性的影响中可能起到调节作用。但理想主义和相对主义对道德敏感性的影响中，道德强度的调节作用及路径是否存在差异？为此，本章提出如下研究假设：

H4-3a：问题的道德强度在理想主义道德取向对保险营销员的商业道德敏感性的影响中起调节作用。

H4-3b：问题的道德强度在相对主义道德取向对保险营销员的商业道德敏感性的影响中起调节作用。

4.2.3 移情作用

移情的发展使一个人能够注意引发他人情感状态的各种线索，注意到他人情感的发生和发展，也使一个人能够感受到他人真实的生活状况，感受到个人状况与其情感的种种联系。移情的产生过程中，认知成分和情感成分相互作用，密不可分。从这个意义上说，移情与道德敏感性一致性地表现为两者均由认知和情感成分构成（郑信军和岑国桢，2009b）。

Sparks（1995）验证了移情作用的一个维度——情绪感染与道德敏感性有显著的正向关系，另一个维度——换位思考与道德敏感性显著负相关。Sparks和Hunt（1998）的研究中发现营销研究者的移情作用中换位思考维度与道德敏感性有显著的正向关系，情绪感染和道德敏感性无显著关系。Volker（1983）研究发现，换位思考和道德敏感性没有相关性。Sparks和Merenski（2000）研究证实了道德敏感性与换位思考的关系是显著的。张波（2011）研究发现，移情能力高的被试的道德敏感性水平要显著高于移情能力低的被试。曲学丽（2009）研究发现，移情包括认知移情、情感移情、社交技能、自我意识四个维度；新闻职业道德敏感性与移情的相关关系显著，但移情中只有社交技能维度对道德敏感性有一定的预测作用。

移情作用的认知成分和情感成分对道德敏感性的影响研究结论不尽相同，为进一步探究移情作用各维度对道德敏感性的影响路径及作用，为此，本章提出如下假设：

H4-4：移情作用正向显著影响保险营销员的商业道德敏感性。

H4-4a：换位思考正向显著影响保险营销员的商业道德敏感性。

H4-4b：情绪感染正向显著影响保险营销员的商业道德敏感性。

Jones（1991）研究指出，一个情境所涉及的道德问题越紧迫，即道德强度越高，该情境会越突显和生动。而Preston和de Waal（2002）在总结前人研究的基础上提出，熟悉感、相似性、学习、过去经验和突显性可以提高个体的移情反应。而相似性和突显性都是道德强度的内容维度，这也预示着当前情境中涉及的道德问题越紧迫，则个体的移情作用也越强烈。可见，问题的道德强度是影响个体移情作用的重要因素之一。基于此，本书提出如下假设：

H4-5：问题的道德强度正向显著影响保险营销员的移情作用。

已有研究表明，移情作用是影响道德敏感性的重要因素之一。Eisenberg（2000）认为，移情可以帮助个体区分出特定情境中的道德特征，这也预示着移情能力高的人对一种情境中所涉及的道德问题的紧迫程度也会更为敏感，当面临相同的道德情境时，移情能力高的个体会认为当前情境涉及的道德问题更严重。Singer等（2006）指出，移情可以

4 个体与问题因素对商业道德敏感性的交互影响

帮助我们更快速、更准确地对人们的需要和行为做出预测,以及发现环境中的关键信息。在李晓明、傅小兰和王新超(2012)的研究中,也证实了移情反应在道德强度与道德识别之间具有完全中介作用。基于此,本章提出如下假设:

H4-6:移情作用在问题的道德强度对保险营销员的商业道德敏感性的影响中具有中介作用。

H4-6a:换位思考在问题的道德强度对保险营销员的商业道德敏感性的影响中具有中介作用。

H4-6b:情绪感染在问题的道德强度对保险营销员的商业道德敏感性的影响中具有中介作用。

本章除了测量保险营销员个体层面的道德取向、移情作用与商业道德敏感性的关系外,还将探讨保险营销员的性别、年龄、受教育程度、行业内的工作年限及工作性质对其商业道德敏感性的影响。这些人口统计学变量对道德敏感性的影响已经在第2章进行了详细的分析,具体见2.3.1部分的讨论。

社会称许性是指由社会主流文化或社会价值规范所包含的,被社会中绝大多数人称赞的意识或行为(韩振华和任剑峰,2002)。而对于涉及社会道德评判以及个人价值等内容的量表,应答者往往会有夸大自身积极面,缩小甚至否认自己所具有的消极特征的倾向,进而可能做出某些极端的回答或者选择最能为社会所认可的选项,从而使测量结果出现偏差(赵丹和黄星艳,2011)。为了测量被试者在调查中多大程度上夸大了自己的回答,Randall 和 Fernandes(1991)用"过度宣称"(Overclaiming)来测量被试的社会称许性,以衡量被调查者是否真实地回答了问卷中问题的标准。可见,被试的社会称许性越高,即测量的过度宣称越高,他所报告的自身的道德敏感性越高。Schoderbek 和 Deshpande(1996)分析了一个非营利组织的管理者行为,发现那些"过度宣称"值很高的管理者宣称自己有很高的伦理行为。据此,本章还将检验过度宣称对保险营销员的商业道德敏感性的影响。

综上所述,本章主要通过相关分析、回归分析等定量分析方法,探讨个人因素中道德取向、移情作用和问题的道德强度对保险营销员商业道德敏感性的交互影响作用。研究的假设模型如图4-1所示。

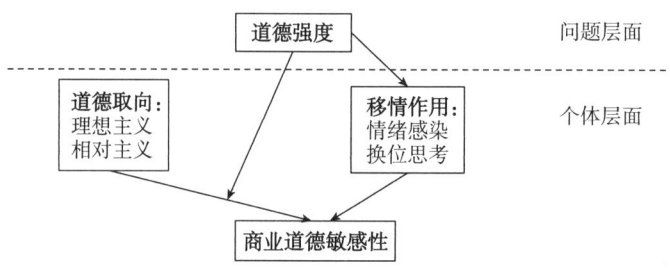

图4-1 道德强度与个人因素对保险营销员商业道德敏感性的交互影响路径

4.3 研究方法

4.3.1 研究被试

本章研究中的被试为研究一中正式施测的保险营销员,主要来自保定、石家庄和邯郸的平安保险、太平洋保险、中国人寿保险以及长城保险和太平保险公司,有效样本为417份。

样本的统计信息如表4-1所示。男性样本134例,女性样本283例,分别占样本总数的32.1%和67.9%,这与初测样本信息以及我国保险行业男女比例1:2的实际情况相符。样本年龄分布较为集中,31~50岁的样本共288例,占样本总数的69%。高中及以下学历的被试共269例,占样本总数的64.5%,专科和本科学历的样本共145例,占样本总数的34.8%,表明我国保险营销员的受教育程度普遍偏低。在保险行业工作年限3~5年的样本129例,占样本总数的30.9%。普通保险营销员183例,业务主任163例,各占到了总样本的43.9%和39.1%。

4 个体与问题因素对商业道德敏感性的交互影响

表 4-1 正式施测样本的统计信息

人口特征变量	类别	样本数	百分比（%）	累计百分比（%）
性别	男	134	32.1	32.1
	女	283	67.9	100.0
年龄	30 岁以下	89	21.3	21.3
	31~40 岁	149	35.7	57.1
	41~50 岁	139	33.3	90.4
	50 岁以上	40	9.6	100.0
受教育程度	初中	33	7.9	7.9
	高中	236	56.6	64.5
	专科	98	23.5	88.0
	本科	47	11.3	99.3
	研究生	3	0.7	100.0
在保险行业工作年限	2 年以下	97	23.3	23.3
	3~5 年	129	30.9	54.2
	6~8 年	67	16.1	70.3
	9~11 年	55	13.2	83.5
	12 年以上	69	16.5	100.0
工作性质	普通保险营销员	183	43.9	43.9
	业务主任	163	39.1	83.0
	业务经理	71	17.0	100.0

4.3.2 测量工具

本章主要探讨个人因素中的道德取向、移情作用和问题的道德强度对保险营销员道德敏感性的影响，因变量保险营销员的商业道德敏感性的测量采用研究一所编制的量表，道德取向、问题的道德强度、移情作用以及控制变量则通过成熟的量表测算而获得。以往研究所使用的成熟量表都是英文版本，由两位博士生进行翻译和回译，再由两名本科生和一名保险公司业务经理进行语句的检验，以保证原量表含义的准确性和可读性。

4.3.2.1 因变量保险营销员商业道德敏感性量表与检验

保险营销员商业道德敏感性的测量采用研究一编制的《保险营销员商业道德敏感性量表》，该量表包含四个维度，共15个条目，如表3-5所示。经验证，该量表有较好的内容效度和建构效度同，且总量表Cronbach's α系数为0.954，各维度的一致性系数也在0.7以上，说明该量表有较好的信度。

4.3.2.2 道德取向量表选取与检验分析

以往商业伦理的实证研究中，大多采用Forsyth（1980）开发的道德立场问卷（Ethics Position Questionnaire，EPQ）来测量道德取向。其中，10个条目测量理想主义，10个条目测量相对主义。限于容量问题，本研究共挑选了6个条目。其中，3个条目测理想主义：①一个人应确定他的行为决不故意伤害别人，即使是轻微伤害；②如果一个行动会伤害无辜的人，就不应当做；③一个人绝对不可以做威胁到他人尊严和福利的事情。另3个条目测相对主义：①不同的文化、不同的社会中，道德的标准是不同的；②道德标准因人而异，一个人认为是道德的，而他人可能会认为是不道德的；③对每个人来说"道德是什么"的问题永远不可能解决，因为什么是道德或不道德是由个人决定的。量表采用李克特五点记分方式，1分表示完全不认同，5分表示完全认同。

本章采用结构方程模型AMOS17.0对417个样本进行验证性因子分析，进行量表的效度检验。两因子模型如图4-2所示，模型拟合指标如表4-2所示。

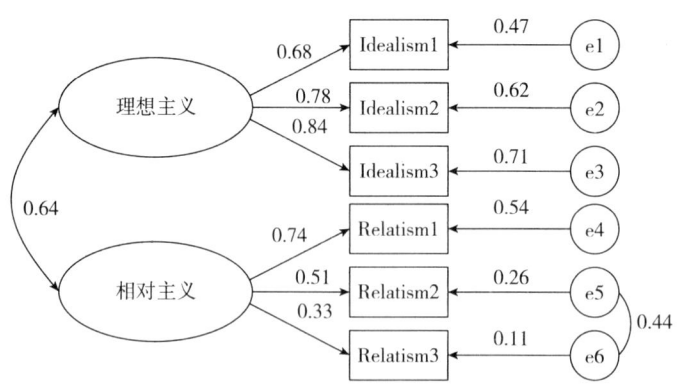

图4-2 道德取向两因子结构模型

4 个体与问题因素对商业道德敏感性的交互影响

表4-2 道德取向结构模型拟合指标

拟合指标	χ^2	χ^2/df	RMSEA	RMR	GFI	NFI	RFI	IFI	CFI
两因子模型	4.452	0.636	0.042	0.023	0.996	0.994	0.964	1.004	1.000

利用SPSS18.0统计软件对417份正式问卷中的道德取向两个维度分别进行信度分析。结果表明，理想主义量表的一致性系数为0.813，相对主义量表的一致性系数为0.653，道德取向量表的一致性系数为0.753，均在0.6之上，表明道德取向量表具有较好的信度。

4.3.2.3 道德强度量表选取与检验

道德强度的测量采用Singhapakdi等（1996）设计的情境法，情境设定为营销道德中最常见的送礼行为。

情境： 张经理是深圳某公司的销售经理，总部授予张经理灵活处理事务的权力。在一桩生意中，他发现只要送出一份价值5万元的礼物就可以得到100万元的订单，获得至少20万元的利润。张经理经过考虑后决定送出价值5万元的礼物。

由于本章是针对问题道德强度对保险营销员商业道德敏感性影响作用的探索性研究，所以仅对学者一致认为会对道德敏感性产生重要影响的维度进行验证，而结果的集中性（CE）在以往研究中结果都不显著，因此本章仅研究道德强度的前五个维度。五个测量条目依次为：①后果的严重性（MC），由条目"张经理的行为对其他人的总伤害（如果有的话）会非常小"来测量；②社会一致性（SC），由条目"大多数人将认为张经理的行为是对的"来衡量；③结果发生的可能性（PE），测量该维度的条目为"张经理的行为实际造成伤害的可能性很小"；④时间间隔（TI），由条目"张经理的行为不会立即造成伤害"来测量；⑤相似性（PX），测量该维度的条目为"张经理的行为将伤害少数人（如果有的话）。采用李克特五点量表的形式来测量以上变量，得分从1分到5分别代表从极其不同意到极其同意。

多位学者在以往研究中使用过类似情境（Cohen, Pant & Sharp, 1998; Jung, 2002; Paolillo & Vitell, 2002; Ross Jr & Robertson, 2003），陈丽瑞（2009）在对我国营销经理道德决策的研究中，也采用

并验证了该情境,因此量表的效度已经多次得到验证。

本章采用结构方程模型 AMOS17.0 对 417 个样本进行验证性因子分析,进行量表的结构效度检验。一因子模型如图 4-3 所示,模型拟合指标如表 4-3 所示。

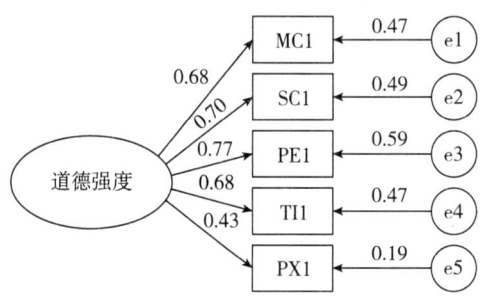

图 4-3　道德强度一因子结构模型

表 4-3　道德强度结构模型拟合指标

拟合指标	χ^2	χ^2/df	RMSEA	RMR	GFI	NFI	RFI	IFI	CFI
一因子模型	7.579	1.516	0.035	0.023	0.993	0.987	0.973	0.995	0.995

利用 SPSS 18.0 统计软件对样本 417 人的问卷中道德强度的 5 个题项进行信度分析。结果表明,量表的 Cronbach's α 系数为 0.757,大于 0.7,属于高信度,说明道德强度 5 个题项的量表有较好的信度。

4.3.2.4　移情量表选取与检验分析

由于移情本身的多维度性,Miller、Stiff 和 Ellis(1988)建议针对每个维度开发单独的量表进行测量。McBane(1990)测量了移情三个维度中的两个:换位思考和情绪感染。第三个维度移情关怀,由于与情绪感染的区别效度很低,所以没有测量。Sparks(1995)测量验证了这两个维度。本章采用 Sparks 验证的 7 条目量表测量移情作用。换位思考有 4 个测量题目:①当讨论与他人不一致的观点时,我试着从他们的角度来看问题;②通常情况下,我发现从他人的角度看问题是件容易的事;③我非常擅长设身处地为别人着想;④我通常能够理解他人的所作所为。情绪感染有 3 个测量题项:①看到他人遭受痛苦时我会很悲痛;

②当看到他人受伤害时我内心也会很痛苦;③当看悲伤的影视剧时我经常会哭泣。各项目均采用李克特五点量表,其中 1 表示完全不认同,5 表示完全认同,分数越高,则被试的移情能力越高。

本章采用结构方程模型 AMOS17.0 对 417 个样本进行验证性因子分析,进行量表的效度检验。两因子模型如图 4-4 所示,模型拟合指标如表 4-4 所示。

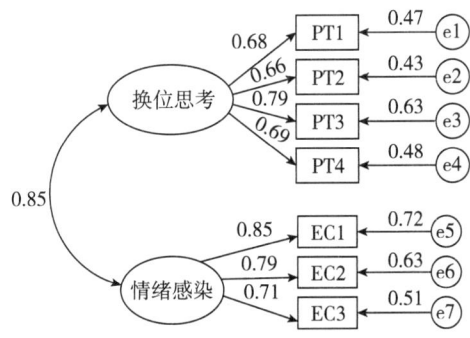

图 4-4　移情两因子结构模型

表 4-4　移情结构模型拟合指标

拟合指标	χ^2	χ^2/df	RMSEA	RMR	GFI	NFI	RFI	IFI	CFI
两因子模型	28.343	2.18	0.053	0.025	0.982	0.978	0.964	0.988	0.988

利用 SPSS18.0 统计软件对 417 份正式问卷中的移情两个维度分别进行信度分析。结果表明,换位思考 4 个项目的 Cronbach's α 系数为 0.798,情绪感染 3 个项目的 Cronbach's α 系数为 0.827,总量表的 Cronbach's α 值为 0.875,都达到了 0.7 以上,说明该移情量表具有较好的信度。

4.3.2.5　控制变量的测量

在进行自我评价类的调查问卷时必须要解决的一个问题就是控制社会称许性(O'Fallon & Butterfield,2005),而在伦理学的研究中,对社会称许性反应偏差的控制更是尤为重要(Randall & Fernandes,1991)。其中一个解决办法就是测量被试者在调查中多大程度上夸大了自己的回答，Randall 和 Fernandes（1991）设计的测量"过度宣称"问卷，提供了衡量被调查者是否真实地回答了问卷中问题的标准。本章采用其量表来控制社会称许性，将其作为控制变量测量其是否显著地影响保险营销员的商业道德。过度宣称的测量由四组问题构成，分别涉及电影、产品、电视节目和品牌名称。被试需要回答对每组列出的两个答案的熟悉程度，其中第一个是真实存在且被大众广泛知晓的，第二个是虚假的，现实中并不存在。通过加总每一组里第二个条目的得分并取算术平均值，即可得到样本的"过度宣称"值。问卷设计采用李克特三点记分法，1 分表示非常熟悉，2 分表示基本熟悉，3 分表示一点不熟悉。得分越低表明被访者对虚假项目越熟悉，其"过度宣称"程度也就越高。此量表的一致性系数为 0.734，大于 0.6，表示量表具有较好的信度。

另外，量表还将被访者的性别（0 代表男，1 代表女）、年龄（1 代表 30 岁以下，2 代表 31~40 岁，3 代表 41~50 岁，4 代表 50 岁以上）、受教育程度（1 代表初中，2 代表高中，3 代表专科，4 代表本科，5 代表研究生）、在保险业的工作年限（1 代表 2 年以下，2 代表 3~5 年，3 代表 6~8 年，4 代表 9~11 年，5 代表 12 年以上）和工作性质（1 代表普通保险营销员，2 代表业务主任，3 代表业务经理）等人口统计学特征与"过度宣称"一起作为控制变量。

4.3.3 数据分析

本部分研究主要采用 AMOS 17.0 对各量表进行验证性因子分析，以检验其结构效度。采用 SPSS18.0 统计软件进行 t 检验、方差分析（ANOVA，MANOVA）和回归分析，以检验各变量之间的关系及影响。

4.4 研究结果

本部分研究中，首先分析了道德取向对保险营销员商业道德敏感性

4 个体与问题因素对商业道德敏感性的交互影响

的影响;其次分析了问题的道德强度与移情作用对商业道德敏感性的交互影响作用;最后分析了其他个人因素对保险营销员商业道德敏感性的影响。

4.4.1 变量的相关分析

为了验证相关研究假设,首先对道德强度、道德取向各维度、移情各维度及商业道德敏感性进行相关性分析,如表4-5所示。由表4-5可知,道德强度,道德取向中的理想主义、相对主义维度,移情中的换位思考、情绪感染维度及保险营销员的商业道德敏感性之间呈显著正相关关系。相关分析的结果为研究假设的验证奠定了基础。

表4-5 描述性统计及个人层面主要变量与商业道德敏感性的相关分析

变量	均值	标准差	1	2	3	4	5	6
1. 道德强度	3.097	0.793	1					
2. 理想主义	3.853	0.905	0.200**	1				
3. 相对主义	3.394	0.892	0.258**	0.371**	1			
4. 换位思考	3.690	0.764	0.272**	0.607**	0.355**	1		
5. 情绪感染	3.899	0.812	0.246**	0.646**	0.386**	0.695**	1	
6. 商业道德敏感性	5.774	1.129	0.163**	0.644**	0.260**	0.546**	0.548**	1

注:①** 代表 $p<0.01$;②所有相关系数都基于双尾检验。

4.4.2 道德取向与道德强度对商业道德敏感性的交互影响

假设H4-3提出,问题的道德强度在道德取向与保险营销员的商业道德敏感性之间起调节作用。首先将商业道德敏感性设为因变量,其次依次引入控制变量、自变量(理想主义、相对主义)和调节变量(问题的道德强度),最后分别加入自变量和调节变量的乘积项。为了消除共线性,在构造自变量和调节变量的乘积项时,先将自变量和调节变量分别进行了中心化处理,并且选取性别、年龄、受教育程度、在保险行业工作年限、工作性质及过度宣称作为研究的控制变量。根据一致性原则，在检验程序的四步骤中，都加入了这六个控制变量。多层线性回归分析结果如表4-6所示。

表4-6 多层线性回归分析结果

	因变量（商业道德敏感性）					
	模型1	模型2	模型3	模型4	模型5	模型6
控制变量						
性别	0.158***	0.236***	0.163***	0.244***	0.165***	0.244***
年龄	−0.014	0.055	−0.013	0.057	−0.010	0.048
受教育程度	0.048	0.107*	0.047	0.101*	0.050	0.105*
在保险行业工作年限	0.086	0.142*	0.088	0.144*	0.089	0.151*
工作性质	−0.009	−0.035	−0.010	−0.034	−0.012	−0.040
过度宣称	0.075*	0.182***	0.073	0.170***	0.072	0.163***
主效应						
理想主义	0.581***		0.570***		0.559***	
相对主义		0.263***		0.235***		0.225***
道德强度			0.053	0.103*	0.055	0.095*
交互效应						
理想主义×道德强度				−0.033		
相对主义×道德强度						−0.077*
R^2	0.458	0.226	0.460	0.221	0.461	0.241
△R^2	0.299	0.067	0.003	0.010	0.001	0.006
F	49.332***	17.068***	43.518***	15.735***	38.738***	14.390***

注：① *表示 p<0.05，***表示 p<0.001；②所有相关系数都基于双尾检验。

从表4-6数据运行结果可知，第一步检验（模型1）中，理想主义道德取向与商业道德敏感性之间的标准化系数为0.581，p<0.001，

4 个体与问题因素对商业道德敏感性的交互影响

回归系数显著,研究假设 H4-1a 得到验证。模型累计解释因变量达 45.8%,表明保险营销员的理想主义道德取向越高,其商业道德敏感性越强。模型 2 中,相对主义道德取向与商业道德敏感性之间的标准化系数为 0.263,p<0.001,回归系数正向显著,研究假设 H4-1b 未得到验证。模型累计解释因变量达 22.6%,表明保险营销员的相对主义道德取向越高,其商业道德敏感性也越强。这与以往研究的结论及预期假设不同。

第二步检验中,模型 3 表示商业道德敏感性对控制变量、自变量(理想主义)以及调节变量(道德强度)的回归,F 值为 43.518,p<0.001,模型显著,通过 F 检验;控制变量中性别(β=0.163,p<0.001)对商业道德敏感性有显著正向影响,其他各控制变量对商业道德敏感性没有显著影响。理想主义(β=0.570,p<0.001)对商业道德敏感性有显著正向影响,而道德强度(β=0.053,p<0.05)对商业道德敏感性的影响不显著。模型 3 的 R^2 为 0.460,模型解释了保险营销员商业道德敏感性 46% 的方差。模型 4 表示商业道德敏感性对控制变量、自变量(相对主义)以及调节变量(道德强度)的回归,F 值为 15.735,p<0.001,模型显著,通过 F 检验;控制变量中性别(β=0.244,p<0.001)、过度宣称(β=0.170,p<0.001)对商业道德敏感性有显著正向影响,其他各控制变量对商业道德敏感性没有显著影响。相对主义(β=0.235,p<0.001)、道德强度(β=0.103,p<0.05)都对商业道德敏感性有显著正向影响。模型 4 的 R^2 为 0.221,解释了保险营销员商业道德敏感性 22.1% 的方差。

第三步检验中,模型 5 表示商业道德敏感性对控制变量、自变量(理想主义)、调节变量(道德强度)、交互项(理想主义×道德强度)的回归,F 值为 38.738,p<0.001,模型显著,通过 F 检验。其中,仅控制变量中的性别(β=0.165,p<0.001)及自变量理想主义(β=0.559,p<0.001)对商业道德敏感性有显著正向影响,其他控制变量、调节变量及交互项对保险营销员商业道德敏感性没有显著影响。研究假设 H4-3a 未能得到验证。模型 6 表示商业道德敏感性对控制变量、自变量(相对主义)、调节变量(道德强度)、交互项(相对主义×道德强

度)的回归,F值为14.390,p<0.001,模型显著,通过F检验。控制变量中性别($\beta=0.244$,$p<0.001$)、过度宣称($\beta=0.163$,$p<0.001$)对商业道德敏感性有显著正向影响,其他各控制变量对商业道德敏感性没有显著影响。自变量相对主义($\beta=0.225$,$p<0.001$)、调节变量道德强度($\beta=0.095$,$p<0.05$)、交互项($\beta=-0.077$,$p<0.05$)都对商业道德敏感性有显著影响。研究假设H4-3b得以验证。由此可以看出,理想主义道德取向会直接对商业道德敏感性产生作用,而相对主义道德取向是通过与问题道德强度的交互作用对商业道德敏感性产生影响。

为了更清晰地说明调节变量如何影响自变量和因变量,通过绘制散点图(趋势线)来说明问题更为清晰。图4-5表明了这种交互的影响模式,根据Cohen、Cohen、West和Aiken(2003)推荐的程序,以高于均值一个标准差和低于均值一个标准差为基准描绘了相对主义道德取向下保险营销员面对不同问题的道德强度时商业道德敏感性的差别。

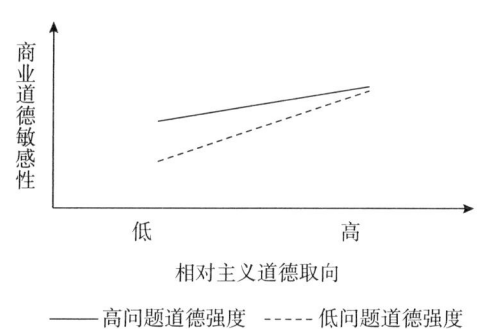

—— 高问题道德强度　----- 低问题道德强度

图4-5　道德强度对相对主义与商业道德敏感性的调节

4.4.3　道德强度与移情作用对商业道德敏感性的交互影响

温忠麟和叶宝娟(2014)对传统的Baron和Kenny(1986)的逐步法(Causal Steps Approach)检验流程进行了相应的修改。先将自变量、中介变量和因变量分别进行了标准化处理,而后本章采用改进后的中介

4 个体与问题因素对商业道德敏感性的交互影响

效应检验方法，步骤如下：

第一步，检验因变量对自变量进行回归的方程，回归系数 c 如果显著，按中介效应立论，否则按遮掩效应立论。但无论是否显著，都进行后续检验。第二步，依次检验中介变量对自变量的方程回归系数 a 和中介变量对因变量的方程回归系数 b，如果两个都显著，则间接效应显著，转到第四步；如果至少有一个不显著，进行第三步。第三步，用 Bootstrap 法直接检验 H0：ab = 0。如果显著，则间接效应显著，进行第四步；否则间接效应不显著，停止分析。第四步，将自变量与中介变量一起进入回归方程以预测因变量，检验此时方程中自变量的系数 c'，如果不显著，即直接效应不显著，说明只有中介效应；如果显著，即直接效应显著，进行第五步。第五步，比较 ab 和 c' 的符号，如果同号，属于部分中介效应，报告中介效应占总效应的比例 ab/c；如果异号，属于遮掩效应，报告间接效应与直接效应的比例的绝对值 | ab/c' |。本章中，先将自变量、中介变量和因变量分别进行了标准化处理，通过比较回归系数的差异性，进而得出中介作用的效果，具体统计结果见表 4-7。

表 4-7 商业道德敏感性与道德强度、移情作用的回归分析结果

变量	因变量						
	移情作用	商业道德敏感性					
	模型 1	模型 2	模型 3	模型 4	模型 5	模型 6	模型 7
性别	0.135**	0.252***	0.177***	0.179***	0.180***	0.204***	0.178***
年龄	−0.001	0.079	0.081	0.080	0.080	0.068	0.094
受教育程度	−0.038	0.094*	0.117**	0.116**	0.115**	0.102**	0.122**
在保险行业工作年限	0.091	0.137*	0.085	0.088	0.089	0.114*	0.076
工作性质	0.061	−0.008	−0.042	−0.041	−0.041	−0.029	−0.043
过度宣称	0.108*	0.142**	0.087*	0.085*	0.084*	0.079	0.114**
道德强度	0.286***	0.167***			0.014	0.036	0.043
移情作用				0.538***	0.534***		
换位思考			0.293***			0.482***	
情绪感染			0.292***				0.483***

续表

变量	因变量						
	移情作用	商业道德敏感性					
	模型1	模型2	模型3	模型4	模型5	模型6	模型7
R^2	0.141	0.187	0.432	0.431	0.431	0.390	0.390
调整后的R^2	0.127	0.173	0.421	0.421	0.420	0.379	0.378
F	9.615***	13.396***	38.754***	44.286***	38.683***	32.672***	32.610***

注：① * 表示 $p<0.05$，** 表示 $p<0.01$，*** 表示 $p<0.001$；②所有相关系数都基于双尾检验。

第一步检验（模型2）中，问题道德强度对保险营销员的商业道德敏感性（$\beta = 0.167$，$p<0.001$）具有显著的正向影响。研究假设 H4-2 得到了验证。模型累计解释因变量达 17.3%。这说明问题的道德强度越强，保险营销员越容易感知和识别到该问题，其道德敏感性越强。

第二步检验（模型1）中，移情作用与道德强度之间的标准化系数为 0.286，$p<0.001$。研究假设 H4-5 得到验证。模型累计解释因变量达 12.7%，表明问题的道德强度越强，保险营销员的移情作用越强。

模型4中，商业道德敏感性与移情作用之间的标准化系数为 0.538，$p<0.001$。研究假设 H4-4 得到验证。模型累计解释因变量达 42.1%。这表明保险营销员的移情作用越强，其商业道德敏感性越强。此外，模型3中，商业道德敏感性与移情作用的一个维度——换位思考之间的标准化系数为 0.293，$p<0.001$，研究假设 H4-4a 得到验证。商业道德敏感性与移情作用的另一个维度——情绪感染之间的标准化系数为 0.292，$p<0.001$，研究假设 H4-4b 得到验证。这表明，保险营销员越能够被他人的情绪所感染，越能够站在对方的角度看问题，其商业道德敏感性越强。

模型4中，控制了自变量道德强度的影响后，中介变量移情作用的标准化系数为 0.534，$p<0.001$，即检验流程中的 a 和 b 都是显著的，间接效应显著，直接转到第四步。

第四步由模型5中的检验结果可知，将自变量道德强度与中介变量移情作用一起进入回归方程以预测因变量，此时方程中自变量的系数

4 个体与问题因素对商业道德敏感性的交互影响

c'不显著（β=0.014，p>0.05），说明直接效应不显著，只有中介效应。研究假设 H4-6 得到验证。模型累计解释因变量达 42%，表明问题的道德强度通过保险营销员的移情作用影响其商业道德敏感性。

此外，模型 6 中，换位思考的标准化系数为 0.482，p<0.001，中介变量对因变量的影响 b 显著。自变量道德强度的标准化系数为 0.036，p>0.05，回归系数 c'不显著，说明直接效应不显著，只有中介效应。因此，研究假设 H4-6a 得到验证。模型 7 中，情绪感染的标准化系数为 0.483，p<0.001，中介变量对因变量的影响 b 显著。自变量道德强度的标准化系数为 0.043，p>0.05，回归系数 c'不显著，说明直接效应不显著，只有中介效应。因此，研究假设 H4-6b 得到验证。

由表 4-7 中模型 5 数据还可知，商业道德敏感性与性别之间的标准化系数为 0.18，p<0.001，回归系数显著，可见性别差异对保险营销员的商业道德敏感性具有显著影响；商业道德敏感性与受教育程度之间的标准化系数为 0.115，p<0.01，回归系数显著，表明受教育程度对保险营销员的商业道德敏感性具有显著正向影响。控制社会称许性的"过度宣称"与商业道德敏感性的标准化系数为 0.084，p<0.05，说明社会称许性对保险营销员的商业道德敏感性具有显著正向影响。

性别之间的商业道德敏感性差异通过 t 检验来进行。结果如表 4-8 所示，在商业道德敏感性的分维度及总量表上，p<0.001，说明不同性别之间的商业道德敏感性存在显著的差异。在欺瞒公司、侵犯客户、虚假信息和人身攻击的分维度上，以及总商业道德敏感性量表中，女性保险营销员的商业道德敏感性的均值都显著高于男性，说明女性保险营销员的商业道德敏感性显著高于男性。

表 4-8 不同性别在商业道德敏感性上的 t 检验

	男性（N=134）	女性（N=283）	t	显著性
	均值（标准差）	均值（标准差）		
欺瞒公司	5.297（1.306）	6.065（0.965）	-5.967	0.000
侵犯客户	5.159（1.403）	5.889（1.185）	-5.208	0.000
虚假信息	5.340（1.398）	5.955（0.972）	-4.590	0.000

续表

	男性（N=134）	女性（N=283）	t	显著性
	均值（标准差）	均值（标准差）		
人身攻击	5.343（1.424）	6.115（1.108）	-5.530	0.000
商业道德敏感性	5.285（1.288）	6.006（0.965）	-5.761	0.000

此外，商业道德敏感性与年龄之间的标准化系数为0.08，$p>0.05$，回归系数未达到显著，表明年龄对保险营销员的商业道德敏感性没有显著影响。商业道德敏感性与在保险业工作年限之间的标准化系数为0.089，$p>0.05$，回归系数未达到显著，说明行业内工作年限对保险营销员的商业道德敏感性没有显著影响。商业道德敏感性与工作性质之间的标准化系数为-0.041，$p>0.05$，回归系数未达到显著，说明工作性质差异对保险营销员的商业道德敏感性没有显著影响。

4.5 讨论与结论

研究结果显示，理想主义道德取向对保险营销员的商业道德敏感性具有直接的显著正向影响。这表明，高理想主义道德取向的保险营销员更加关注道德规范和可能对其他利益相关者造成的伤害，从而商业道德敏感性更高，更能直接识别出工作情境中含有的道德内容。这与Shaub等（1993），Erffmeyer等（1999）以及Musbah、Cowton和Tyfa（2014），Amirshahi、Shirazi和Ghavami（2014）已有研究结果一致。与预想不同的是，相对主义道德取向对保险营销员的商业道德敏感性也具有显著的正向影响。

进一步的分析还发现，问题的道德强度在理想主义道德取向与商业道德敏感性间的调节作用假设未能证实，说明高理想主义道德取向的个体，不论面临情境问题道德强度高低与否，都具有较强的道德感知和识别能力，具有较高的商业道德敏感性。而由问题的道德强度在相对主义道德取向与商业道德敏感性间起到调节作用的结果可以看出，相对主义

4 个体与问题因素对商业道德敏感性的交互影响

道德取向的个体，只有在道德问题较为凸显时，其道德敏感性才较高，即相对主义道德取向需要通过与问题的道德强度交互作用才能对商业道德敏感性产生影响。这就使我们对道德取向对商业道德敏感性的影响路径更为清晰和明确。

多元回归分析表明，问题的道德强度对保险营销员的商业道德敏感性具有显著的预测作用。问题的道德强度越强，即行为的后果越严重性，社会上对该行为是道德还是不道德的认同的一致性程度越高，该行为实际上会造成伤害或益处的可能性越大，该行为与行为结果之间的时间跨度越小，决策者与行为的受害者在社会、文化、心理或生理上的相似程度越高，则个体越容易意识到该情境涉及道德问题，其道德敏感性越高，这与前人的研究基本一致（Leitsch，2004；Singhapakdi et al.，1999）。

研究结果显示，移情作用正向显著影响保险营销员的商业道德敏感性，换位思考和情绪感染两个维度对保险营销员的商业道德敏感性都有积极的影响作用。这表明，保险营销员越能站在对方的角度，设身处地地考虑问题，他的商业道德敏感性就越高；越能够对他人的处境感同身受，就越具有较高的商业道德敏感性。这与 Sparks 和 Hunt（1998）、Sparks 和 Merenski（2000）等已有研究结论相符。其原因在于，道德敏感性是道德决策的最早期、最初级阶段，实际上是一个对道德决策情境的关键特征进行识别和编码的过程，而这种编码过程会主要依赖情绪性的加工（Kahneman & Frederick，2007）。移情作用的换位思考也将有助于个体区分出特定情境中的道德特征（Eisenberg，2000），进而影响道德问题的识别。

根据温忠麟和叶宝娟（2014）的中介作用判定原则对移情作用的中介作用进行检验，结果表明，移情作用在问题的道德强度对保险营销员的商业道德敏感性的影响中具有中介作用，即问题的道德强度会通过影响个体的移情作用对保险营销员的商业道德敏感性产生影响。当问题的道德强度较高时，更能激发个体的换位思考和情绪感染，进而敏感地识别出情境中所蕴含的道德问题。这与李晓明等（2012）的研究结论是一致的。这也表明，道德强度作为问题层面的影响因素，除了对道德敏感性具有直接作用，还通过个体层面的移情作用产生间接影响。道德问题只有通过个体对其认知和情绪的产生，才会影响其道德敏感性。这一结果使我们对道德强度对商业道德敏感性影响的路径有了更清晰的认识。

在保险营销员的日常工作中，问题的道德强度是客观存在的因素，在这种情境下，移情中介作用的结论为提高保险营销员商业道德敏感性提供了可行之策：培养其移情能力，提高移情作用的水平。在保险公司的管理实践中，可以在保险营销员的入职培训及晋升培训中，加入移情的培训内容，培养员工的换位思考和情绪感染能力，使其在人际沟通中能自觉地站在对方角度看问题，对对方的感觉感同身受，进而提高其商业道德敏感性水平，减少或消除对不道德问题视而不见的现象，从源头上保证其道德决策行为的产生。

对控制变量的分析表明，保险营销员的性别对商业道德敏感性有显著的影响，且女性保险营销员的商业道德敏感性显著高于男性。这与Ameen等（1996），以及Tirri和Nokelainen（2007）等大部分的实证研究结论一致。但也与一些研究的调查结果不同，如Chan和Leung（2006）以及Simonis（2009）发现性别间有很小的或没有显著的差异。究其原因，可能在于女性更容易激发同情和爱心，比男性对道德问题的感知更为敏感。此外，保险职业领域中的职业规范和职业角色也可能导致男性和女性会在某种特定的背景下思考问题。

受教育程度对商业道德敏感性有显著的正向影响，这表明保险营销员的商业道德敏感性随其接受教育程度的增长而增强。这与Rest和Narvaez（1994）等研究者的结论一致。受教育程度对商业道德敏感性的积极预测作用，说明了道德敏感性既可以被培养，又可能遭到破坏，因此其不应该被教育者和在决策中需要道德考虑的责任者所忽略。特别是在保险行业中，高中学历的被试超过整体50%，为了更好地提升整个保险行业的道德水平，在招聘保险营销员时应该对其受教育程度要求从以前的初中水平进一步提升。

年龄对保险营销员的商业道德敏感性没有显著的影响，这与Shaub（1989）及Karcher（1996）的研究结论相反，但与更多学者的研究结

4 个体与问题因素对商业道德敏感性的交互影响

论一致（Chan & Leung，2006；Jagger，2011；Ozdogan & Eser，2007；Triki，2012）。其可能的原因在于，本章调查的样本年龄比较集中，31~40岁及41~50岁的被试各占到了总体的1/3，他们所处的道德认知发展水平基本一致，因此不同年龄对商业道德敏感性的影响并不显著。所以，后续研究还需要综合考虑企业及个人其他的影响因素。

此外，行业内工作年限对保险营销员的商业道德敏感性也没有显著影响，这与Wimalasiri（2001）的研究结论一致，但与Owhoso（2002）、Neureuther等（2011）及Simonis（2009）的研究结论相反。这可能是由于保险营销员本身的工作性质造成的。我国的保险公司中，很多营销员并非全职人员，而是在从事其他职业，建立了庞大的社会关系网络并积累了一定的人脉资源后，利用这些社会资源开始从事保险销售。这就使在研究行业内工作年限对商业道德敏感性的影响时，还应与个人从业背景等其他因素结合来探讨。

工作性质差异对保险营销员的商业道德敏感性没有显著的影响，即普通保险营销员、业务主任与业务经理的商业道德敏感性水平没有显著的差异。这与Lützén等（2000）、Kim等（2005）的研究结论并不一致。这可能是由于保险公司的晋升体系所导致的，业务主任或业务经理的晋升，主要是看个人的业绩水平和增员人数。如果个人业绩水平较高，但没有达到增员人数的话，也会一直保持为普通保险营销员。所以，三类不同职位的保险营销员其工作本质都是一样的，故对其商业道德敏感性没有显著的影响。

最后，研究结果还显示过度宣称对商业道德敏感性有显著正向的影响，说明保险营销员的社会称许性对其自我报告的商业道德敏感性有显著的积极预测作用。这与Schoderbek和Deshpande（1996）的研究结论一致。由此可见，过度宣称对保险营销员的商业道德敏感性影响强度较大，在后续的研究中，应不再将其作为控制变量，而是单独作为个人层面的一个影响因素，深入分析其对商业道德敏感性的影响路径和作用。

综上所述，本章以正式施测的保险营销员为样本，运用验证性因子分析、相关分析、回归分析等定量分析方法探讨了问题的道德强度、保险营销员的道德取向、移情作用及性别、年龄、受教育程度、在行业内工作年限、工作性质和过度宣称等对其商业道德敏感性的影响。得出以下主要结论：

（1）道德取向的两个维度中，理想主义取向对保险营销员的商业道德敏感性具有直接的显著正向影响，相对主义取向除了对商业道德敏感性具有显著正向影响外，还通过与问题道德强度的交互作用对商业道德敏感性产生显著的影响。

（2）问题的道德强度对保险营销员的商业道德敏感性具有显著正向影响。

（3）移情作用正向显著影响保险营销员的商业道德敏感性，其中一个维度——换位思考对保险营销员的商业道德敏感性具有显著正向影响，另一个维度——情绪感染也显著正向影响保险营销员的商业道德敏感性。

（4）问题的道德强度对保险营销员的移情作用具有显著正向影响。

（5）移情作用在问题的道德强度对保险营销员的商业道德敏感性的影响中具有中介作用。

（6）人口统计学变量中，保险营销员的性别对商业道德敏感性有显著的影响，且女性保险营销员的商业道德敏感性显著高于男性。受教育程度对商业道德敏感性有显著的正向影响，表明保险营销员的商业道德敏感性随其接受教育程度的增长而增强。其他控制变量——年龄、在行业内工作年限和工作性质对保险营销员的商业道德敏感性没有显著的影响。另外，过度宣称对商业道德敏感性有显著正向影响。

综上所述，假设结果如表4-9所示。

表4-9 本章研究假设结果小结

假设	假设内容	结果
H4-1a	理想主义道德取向正向显著影响保险营销员的商业道德敏感性	支持
H4-1b	相对主义道德取向负向显著影响保险营销员的商业道德敏感性	不支持
H4-2	问题的道德强度正向显著影响保险营销员的商业道德敏感性	支持

4　个体与问题因素对商业道德敏感性的交互影响

续表

假设	假设内容	结果
H4-3a	问题的道德强度在理想主义道德取向对保险营销员的商业道德敏感性的影响中起调节作用	不支持
H4-3b	问题的道德强度在相对主义道德取向对保险营销员的商业道德敏感性的影响中起调节作用	支持
H4-4	移情作用正向显著影响保险营销员的商业道德敏感性	支持
H4-4a	换位思考正向显著影响保险营销员的商业道德敏感性	支持
H4-4b	情绪感染正向显著影响保险营销员的商业道德敏感性	支持
H4-5	问题的道德强度正向显著影响保险营销员的移情作用	支持
H4-6	移情作用在问题的道德强度对保险营销员的商业道德敏感性的影响中具有中介作用	支持
H4-6a	换位思考在问题的道德强度对保险营销员的商业道德敏感性的影响中具有中介作用	支持
H4-6b	情绪感染在问题的道德强度对保险营销员的商业道德敏感性的影响中具有中介作用	支持

5 组织与问题因素对商业道德敏感性的交互影响

5.1 研究目的

第4章主要探讨了个人层面的道德取向、移情作用与道德问题强度交互作用对保险营销员的商业道德敏感性产生的影响。但除此之外，个体均处在一定的组织情境中。而在以往的道德敏感性研究中，对组织因素的研究较少。Trevino等（1998）认为，组织成员的行为离不开所处的组织环境，组织伦理氛围是组织伦理环境的体现，因而伦理氛围被列为影响员工伦理行为的首要因素。组织因素中的道德规范、奖惩制度及组织伦理环境，在道德决策的影响研究中占据主要地位，但在道德敏感性的研究中却鲜有提及。

个体处于社会和组织的大"染缸"中，其道德标准都是从组织和社会中习得的，其行为受到组织及其成员的影响和制约并受到社会的评判（吴红梅和刘洪，2006）。在我国当前激烈的保险行业竞争中，一些保险公司的晋升机制不够完善，主要以增员人数和个人业绩来决定。在这种情况下，如果存在道德失范的保险营销员晋升为业务主任，乃至业务经理后，在其所管理的业务组内就会形成示范效应，对其增员的营销员的道德决策，特别是道德敏感性产生重要影响。

伦理型领导在领导学研究中占据重要的地位，但是作为组织因素中的重要变量，在道德决策及道德敏感性的研究中仍未给予足够的重视。而领导是"领导者、追随者和情境三者复杂互动的过程"（Hughes，

5 组织与问题因素对商业道德敏感性的交互影响

Ginnett & Curphy，2006）。因此，在本章的研究中，将深入探讨伦理型领导、组织伦理氛围对保险营销员商业道德敏感性的交互影响作用及路径。

Jones（1991）在道德问题权变中指出，组织因素（群体动态、权威因素、社会化过程）会对道德意图及道德行为产生影响。但作为员工日常工作身处的组织环境，其伦理氛围是否会影响员工对道德问题的识别和觉察？影响路径又是如何？据此，本章将进一步探讨保险公司的组织伦理氛围对商业道德敏感性影响过程中问题道德强度的调节作用，以期使道德敏感性的影响因素研究更加全面和深入。同时考虑组织因素和问题的道德强度交互作用对商业道德敏感性的影响，为保险营销员的组织行为研究及企业管理实践提供了更为清晰和具体的指导建议。

5.2 研究假设

基于以上研究目的，本章提出组织的伦理型领导、伦理氛围和问题的道德强度对保险营销员商业道德敏感性的交互作用关系的基本假设。

5.2.1 伦理型领导

根据 Brown、Trevino 和 Harrison（2005）的观点，伦理型领导者作为"道德人"，是公平、有原则的决策者，在个人生活和职业生涯中保持其道德行为；同时，伦理型领导者作为"道德管理者"，将伦理作为其管理工作中明确的一部分。基于上述两种特征，伦理型领导者通过树立伦理行为榜样，向员工传达明确的伦理标准和价值观念，并通过建立奖惩体系鼓励员工的伦理行为（Trevino et al.，2000），从而抑制员工非伦理行为的产生。根据社会学习理论（Bandura，1977），个体会通过观察和模仿有吸引力且值得信赖的榜样来指导个人的态度、价值观和行为。一方面，伦理型领导者作为组织中的权威人物，凭借其在组织中的权力和地位，通过利他和合理的行为成为员工学习、模仿和认同的目标，为员工树立伦理榜样，从而影响下属的伦理感知和行为，促使员工产生相同行为；另一方面，伦理型领导采用奖励和惩罚措施向员工传递行为标准，在直接规范员工行为的同时，使员工通过观察同事的行为及后果，间接学习什么行为是被期望和奖励的（Brown & Treviño, 2006; Trevino, 1986）。此外，领导通过影响员工晋升、与员工沟通等形式，也会影响下属对伦理问题的感知和认识。总体而言，伦理型领导在组织中建立伦理规范，并将其内化为自身价值，进而在决策制定和执行过程中激励和引导下属的伦理行为。因此，伦理型领导的模范示范作用和奖惩措施等都会影响组织内员工对不同道德问题的识别和反应。

此外，领导的作用是引导和激发被领导者向着一定的目标努力，在扮演这种角色时，领导者能够有效影响公司文化和组织的伦理氛围（Dickson, Smith, Grojean & Ehrhart, 2001; Schein, 1985）。Sims 和他的同事（Sims, 2000; Sims & Brinkman, 2002）借鉴了 Schein 的研究，详述了领导如何塑造和巩固组织的伦理氛围，Logsdon 和她的同事（Logsdon & Corzine, 1999; Logsdon & Yuthas, 1997）也持相同的论点。大多数的研究已经表明，构建组织伦理氛围最重要的决定因素是组织中领导者的伦理行为（Stringer, 2002），组织领导者通过阐述和执行伦理政策和实践，在塑造组织伦理氛围的过程中扮演着重要角色（Grojean, Resick, Dickson & Smith, 2004）。金杨华和黄珺君（2013）归纳总结了伦理型领导塑造组织伦理的三条基本路径：价值建构、角色模范和制度激励。即伦理型领导者通过一些植入机制，将自身的伦理价值、特质和行为嵌入组织过程，并通过树立角色模范，向下属表明哪些是组织所支持的伦理行为，以此来塑造组织伦理。

Schminke、Ambrose 和 Neubaum（2005）验证了领导者的道德发展水平与组织伦理氛围是紧密相关的。而且，组织领导者道德水平与自身行为是否一致，同样也影响到了组织伦理氛围的构建。Neubert 等（2009）认为，伦理型领导者能够影响组织成员对组织伦理氛围的感知。这些研究均表明伦理型领导者对构建组织伦理氛围具有积极的影响作用。

不同于一般的企业组织，保险营销员所处的业务组相对管理松散；当普通保险营销员业绩突出并且增员人数达到要求后，就可以成立单独

5 组织与问题因素对商业道德敏感性的交互影响

的业务组并升职为业务主任,对其增员人员进行管理。保险行业基层业务组织的松散性是否会导致伦理型领导的研究结果具有特殊性?其对保险营销员商业道德敏感性的影响是否不同?基于以上问题,本章提出以下两个假设:

H5-1:伦理型领导正向显著影响保险营销员的商业道德敏感性。

H5-2:伦理型领导正向显著影响组织伦理氛围。

5.2.2 组织伦理氛围

Victor 和 Cullen(1987)首先提出了组织伦理氛围(Organizational Ethical Climate)的概念,并对组织伦理氛围进行了开创性研究,他们将组织伦理氛围归入组织气氛的范畴,认为组织伦理氛围既是组织在处理伦理问题上的特征,也是组织成员在什么是符合伦理的行为和应该如何处理伦理问题两方面所形成的共同认知。由此可见,组织伦理氛围是组织成员在工作情境中面对他人和组织进行决策时所采用的主导性思维模式,这种思维模式会从整体上影响个体对待与伦理有关的问题的态度、信念、动机和行为(刘文彬,2009)。

通过对 MBA 学生、大学教职员工和企业管理者的问卷调查,Victor 和 Cullen(1987)通过因子分析最终将伦理氛围划分为六个层面,即:法律规范层面(Professionalism),集中于法律和专业守则的影响;关爱层面(Caring),包括友情、团队利益和社会责任;规则层面(Rules),以遵守公司规则和程序为基础;利益层面(Instrumental),强调个人利益和公司利润对伦理决策的影响;效率层面(Efficiency),强调企业对控制成本和盈利的重视;独立层面(Independence),集中于个人道德对决策的影响。Deshpande(1996)通过对 206 个非营利组织的管理者的问卷调查,将伦理氛围量表简化为六个条目,分别代表上述六个类型。

自伦理氛围量表开发以来,很多学者对组织的伦理氛围进行了研究,普遍认为组织道德氛围和道德敏感性之间存在一定的联系(Wyld & Jones,1997)。Trevino 和 Youngblood(1990)在对不道德决策行为进行研究时发现，组织伦理氛围是影响员工道德决策的首要因素，她们认为员工的伦理行为与组织伦理环境密切相关，而组织伦理氛围则是组织伦理环境的体现。Key（2002）研究发现，员工为了顺应组织良好的道德氛围会表现出更高的道德敏感性。VanSandt、Shepard 和 Zappe（2006）实证研究再次表明，组织的伦理氛围是个人道德敏感性的重要预测变量。不同的伦理氛围下，员工的道德感知有显著的差异。在法律和法规伦理氛围及规则性伦理氛围下，员工道德认知比在功利性伦理氛围下高，而在功利主义及关注个人层面的自我利益伦理氛围下，员工道德认知最低。组织伦理氛围可以使员工能感觉到伦理的动向，并根据组织伦理氛围采取组织中允许的行为（庄立民和钟镕骏，2008）。

伦理型领导会促进员工对工作环境的伦理感知，促进组织伦理氛围的形成（Schminke, Ambrose & Neubaum, 2005），而高水平的伦理氛围能够直接影响下属的道德敏感性。在考虑到我国保险企业基层业务组织的管理松散性和领导的特殊性后，组织伦理氛围如何影响保险营销员的商业道德敏感性也是亟待讨论和解决的问题，因此提出下列两个假设：

H5-3：组织伦理氛围正向显著影响保险营销员的商业道德敏感性。

H5-4：组织伦理氛围在伦理型领导与保险营销员商业道德敏感性之间起中介作用。

5.2.3 问题的道德强度

在同一组织环境下，虽然面临相同的道德困境，但是每个人感知到的问题的道德强度却是不同的，这会显著影响个体对道德情境中问题的识别，因此，问题的道德强度在伦理氛围对道德敏感性的影响中起到调节作用。即在组织的伦理氛围下，当个体感知到的问题道德强度较高时，个体就对道德问题较为敏感；相反，当个体认为问题的道德强度较低，甚至不认为其是一个"道德问题"时，那么对该问题的道德敏感性就较低。李晓明、傅小兰和王新超（2008）研究发现，后果严重性和社会一致性对道德意识有显著预测作用；结果越严重，社会舆论越强烈，个体越倾向于认为该情境涉及道德问题。据此，本章提出以下假设：

5 组织与问题因素对商业道德敏感性的交互影响

H5-5：问题的道德强度在伦理氛围对保险营销员的商业道德敏感性的影响中起调节作用。

综上所述，本章主要通过相关分析、回归分析等定量分析方法，探讨组织因素中的伦理型领导、组织伦理氛围和问题的道德强度对保险营销员商业道德敏感性的交互影响作用。研究的假设模型如图5-1所示。

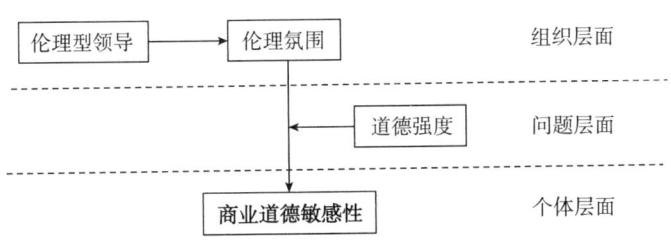

图5-1 道德强度与组织因素对保险营销员商业道德敏感性的交互影响路径

5.3 研究方法

5.3.1 研究被试

本章研究中的被试来自石家庄和邯郸的中国人寿保险公司，发放问卷350份，回收有效问卷300份。

样本的统计信息如表5-1所示。男性样本90例，女性样本210例，分别占样本总数的30%和70%，这与初测样本信息以及我国保险行业男女比例1∶2的实际情况基本相符。样本年龄分布较为集中，31~50岁的样本共205例，占样本总数的68.3%。高中及以下学历的被试共207例，占样本总数的69%。专科和本科学历的样本共90例，占样本总数的30%。这表明我国保险营销员的受教育程度普遍偏低。在保险行业工作3~5年的样本96例，占样本总数的32%。普通保险营销员137例，业务主任118例，分别占总样本的45.7%和39.3%。

表 5-1 第三次施测样本统计信息

人口特征变量	类别	样本数	百分比（%）	累计百分比（%）
性别	男	90	30.0	30.0
	女	210	70.0	100.0
年龄	30岁以下	67	22.3	22.3
	31~40岁	102	34.0	56.3
	41~50岁	103	34.3	90.7
	50岁以上	28	9.3	100.0
受教育程度	初中	25	8.3	8.3
	高中	182	60.7	69.0
	专科	55	18.3	87.3
	本科	35	11.7	99.0
	研究生	3	1.0	100.0
在保险行业工作年限	2年以下	66	22.0	22.0
	3~5年	96	32.0	54.0
	6~8年	43	14.3	68.3
	9~11年	42	14.0	82.3
	12年以上	53	17.7	100.0
工作性质	普通保险营销员	137	45.7	45.7
	业务主任	118	39.3	85.0
	业务经理	45	15.0	100.0

5.3.2 测量工具

本章主要探讨组织因素中伦理型领导、组织的伦理氛围和问题的道德强度对保险营销员道德敏感性的影响，因变量保险营销员的商业道德敏感性的测量采用研究一所编制的量表，问题的道德强度、伦理型领导、伦理氛围以及控制变量则通过成熟的量表测算而获得。同第 4 章研究相同，本章采用以往研究使用的英文版本成熟量表，由两位博士生进行翻译和回译，再由两名本科生和一名保险公司业务经理进行语句检

5 组织与问题因素对商业道德敏感性的交互影响

验,以保证原量表含义的准确性和可读性。

5.3.2.1 因变量保险营销员商业道德敏感性量表的检验

保险营销员商业道德敏感性的测量采用研究一编制的保险营销员商业道德敏感性量表,该量表包含四个维度,共15个条目(见表3-5)。经验证,该量表有较好的内容效度和建构效度,且总量表Cronbach's α系数为0.911,各维度的一致性系数也在0.7以上,说明该量表有较好的信度。

5.3.2.2 伦理型领导量表的选取与检验

Brown、Treviño 和 Harrison(2005)以社会学习理论为基础,编制了包括48个项目的单维度结构的伦理型领导(Ethical Leadership Scale,ELS)量表。该量表每一个项目都采用了李克特五点计分方式,1表示"极其不同意",逐步过渡到5表示"极其同意"。结果显示,其中10个项目是有效的,且具有很高的信度,被之后的众多研究所采用。本章中伦理型领导的测量就采用了该10个测量条目的量表,比如"训斥违反道德准则的员工",量表的 Cronbach's α 系数为0.9,远大于0.7的标准,表明该量表的信度较好。再对300份样本进行验证性因子分析,一因子模型如图5-2所示,模型拟合指标如表5-2所示。

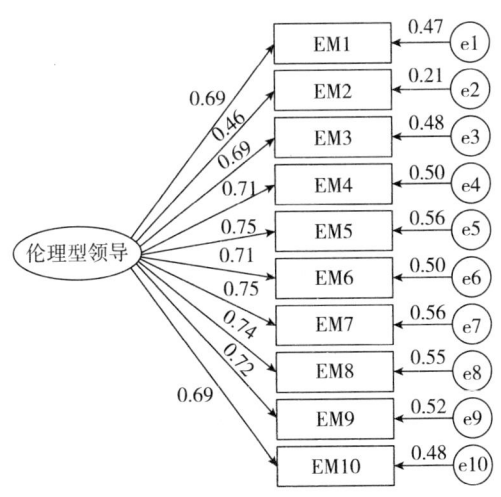

图 5-2 伦理型领导—因子结构模型

表 5-2 伦理型领导结构模型拟合指标

拟合指标	χ^2	χ^2/df	RMSEA	RMR	GFI	NFI	RFI	IFI	CFI
一因子模型	67.058	1.916	0.047	0.024	0.969	0.964	0.954	0.983	0.983

5.3.2.3 组织伦理氛围量表的选取与检验

组织伦理氛围的测量采用 Deshpande（1996）设计的 6 条目问卷，该量表将组织的伦理氛围分为 6 个维度，依次对应法律规范层、关爱层、规则层、利益层、效率层和独立层。量表采用李克特五点记分方式，1 分表示对公司的实际情况描述极其不准确，5 分表示极其准确。量表的一致性系数为 0.813，表明量表的信度可以接受。

5.3.2.4 道德强度量表选取与检验

道德强度的测量采用 Singhapakdi 等（1996）设计的情境法，量表的效度检验结果见 4.3.2 部分的分析。利用 SPSS18.0 统计软件对 300 人的问卷中道德强度的 5 个题项进行信度分析。结果表明，量表的 Cronbach's α 系数为 0.789，大于 0.7，属于高信度，说明道德强度 5 个题项的量表有较好的信度。

5.3.3 数据分析

主要采用 AMOS 17.0 对量表进行验证性因子分析，以检验量表的结构效度。采用 SPSS18.0 统计软件进行方差分析（ANOVA，MANOVA）和回归分析，以检验各变量之间的关系及影响。

5.4 研究结果

本章研究中，首先分析了组织层面各变量之间的相关关系；其次分析了组织伦理氛围在伦理型领导对保险营销员商业道德敏感性影响中的中介作用；最后分析了问题的道德强度在组织伦理氛围对商业道德敏感性影响中的调节作用。

5 组织与问题因素对商业道德敏感性的交互影响

5.4.1 变量的相关分析

变量的基本统计信息如表 5-3 所示，列出了性别、年龄、受教育程度、在保险行业工作年限、工作性质、过度宣称以及伦理型领导、组织伦理氛围、道德强度、商业道德敏感性各观测变量的平均值和标准差。

表 5-3 样本的基本统计信息

变量	平均值	标准差
1. 性别（Gender）	0.70	0.459
2. 年龄（Age group）	2.31	0.921
3. 受教育程度（Education）	2.36	0.833
4. 在保险行业工作年限（Work year）	2.73	1.408
5. 工作性质（Job type）	1.69	0.717
6. 过度宣称（Overclaiming）	2.409	0.555
7. 伦理型领导（EM）	3.790	0.680
8. 组织伦理氛围（EE）	3.350	0.570
9. 道德强度（MI）	3.137	0.787
10. 商业道德敏感性（ES）	5.838	0.968

表 5-4 列出了各变量之间的相关系数，表中 1~10 所代表的变量名称与表 5-3 相同。结果显示：首先，保险营销员的商业道德敏感性与伦理型领导显著正相关，说明组织领导越是道德的，该组织内保险营销员的商业道德敏感性越高；其次，保险营销员的商业道德敏感性与伦理氛围显著正相关，说明组织的伦理氛围越强，该组织内的保险营销员的商业道德敏感性越高；再次，道德强度与商业道德敏感性正相关，说明问题的道德强度越高，员工的商业道德敏感性越高；最后，商业道德敏感性还与控制变量"过度宣称"显著正相关，说明"过度宣称"得分越高的样本对自身商业道德敏感性的评价也就越高。

表 5-4 组织层面主要变量之间的相关系数

变量	1	2	3	4	5	6	7	8	9	10
1	1									
2	0.163**	1								
3	0.094	−0.272**	1							
4	0.160**	0.579**	−0.074	1						
5	0.085	0.320**	−0.020	0.551*	1					
6	0.191**	0.145*	−0.022	0.132*	0.003	1				
7	0.026	0.134*	−0.023	0.059	0.059	0.054	1			
8	−0.115*	0.029	−0.089	0.071	0.102	−0.124*	0.434**	1		
9	−0.117*	−0.055	0.029	−0.055	−0.002	−0.053	0.221**	0.300**	1	
10	0.260**	0.191**	0.118*	0.254**	0.177**	0.233**	0.338**	0.375**	0.186**	1

注：① * 代表 $p<0.05$，** 代表 $p<0.01$；② 所有相关系数都基于双尾检验。

相关系数只是表明各变量之间的相关关系，要确定各变量对商业道德敏感性的影响程度高低及是否显著还要通过多层线性回归分析进行验证。

5.4.2 伦理型领导与伦理氛围对商业道德敏感性的交互影响

与4.4.3部分中中介效应检验方法相同，本章采用温忠麟和叶宝娟（2014）改进的中介效应检验程序。先将自变量、中介变量和因变量分别进行标准化处理，通过比较回归系数的差异性，进而得出中介作用的效果，具体统计结果如表5-5所示。

表 5-5 伦理型领导、组织伦理氛围与商业道德敏感性关系的检验结果

自变量	因变量			
	模型1	模型2	模型3（商业道德敏感性）	
	伦理氛围	商业道德敏感性	第一步	第二步
伦理型领导	0.440***			

5 组织与问题因素对商业道德敏感性的交互影响

续表

自变量	因变量			
	模型1	模型2	模型3（商业道德敏感性）	
	伦理氛围	商业道德敏感性	第一步	第二步
伦理氛围		0.387***		
伦理型领导			0.318***	0.184**
伦理氛围				0.305***
R^2	0.223	0.279	0.233	0.305
ΔR^2	0.190	0.145	0.099	0.172
F	14.011***	18.873***	14.817***	18.331***

注：① ** 代表 $p<0.01$，*** 代表 $p<0.001$；② 所有相关系数都基于双尾检验。

第一步检验结果见模型 3 中，伦理型领导对保险营销员的商业道德敏感性（$\beta=0.318$，$p<0.001$）具有显著的正向影响。研究假设 H5-1 得到了验证。

第二步检验结果见模型 1 中，组织的伦理氛围与伦理型领导的标准化系数为 0.44，$p<0.001$，回归系数显著，研究假设 H5-2 得到验证。模型 2 中，组织的伦理氛围对保险营销员的商业道德敏感性（$\beta=0.387$，$p<0.001$）具有显著的正向影响。研究假设 H5-3 得到了验证。模型 3 中控制了自变量的影响后，中介变量伦理氛围对因变量商业道德敏感性（$\beta=0.305$，$p<0.001$）的影响仍然显著。即检验流程中的 a 和 b 都是显著的，间接效应显著，直接转到第四步。

第四步由模型 3 中的检验结果可知，将自变量伦理型领导与中介变量伦理氛围一起进入回归方程以预测因变量商业道德敏感性，此时方程中自变量的系数 c' 显著（$\beta=0.184$，$p<0.01$），说明直接效应显著。

第五步比较 ab 和 c' 的符号，都同为正号，属于部分中介效应，此时，中介效应占总效应的比例 $ab/c=0.44\times0.305/0.318=0.422$。由此可以得出，组织的伦理氛围在伦理型领导与保险营销员的商业道德敏感性之间起着部分中介效应，支持了假设 H5-4。

5.4.3 伦理氛围与道德强度对商业道德敏感性的交互影响

假设 H5-5 提出，问题的道德强度在组织的伦理氛围与保险营销员的商业道德敏感性之间起着调节的作用。首先，将商业道德敏感性设为因变量；其次，依次引入控制变量、自变量（组织伦理氛围）和调节变量（问题的道德强度）；最后，加入自变量和调节变量的乘积项。为了消除共线性，在构造自变量和调节变量的乘积项时，先将自变量和调节变量分别进行了中心化处理。同样地，根据 5.3.2 部分的讨论，本章选取性别、年龄、受教育程度、在保险行业工作年限及工作性质作为研究的控制变量。根据一致性原则，在检验程序的四步骤中，都加入了这 5 个控制变量。多层线性回归分析结果如表 5-6 所示。

表 5-6 多层线性回归分析结果

	因变量（商业道德敏感性）			
	模型 1	模型 2	模型 3	模型 4
控制变量				
性别	0.204***	0.249***	0.259***	0.248***
年龄	0.092	0.105	0.105	0.107
受教育程度	0.136*	0.168**	0.161**	0.168**
在保险行业工作年限	0.152*	0.132	0.139*	0.132
工作性质	0.049	0.013	0.012	0.010
主效应				
组织伦理氛围		0.387***	0.351***	0.342***
道德强度			0.120*	0.107*
交互效应				
伦理氛围×道德强度				-0.124*

续表

	因变量（商业道德敏感性）			
	模型1	模型2	模型3	模型4
R^2	0.134	0.279	0.292	0.307
$\triangle R^2$	0.134	0.145	0.013	0.015
F	9.071***	18.873***	17.178***	16.079***

注：① * 代表 $p<0.05$，** 代表 $p<0.01$，*** 代表 $p<0.001$；② 所有相关系数都基于双尾检验。

模型1表示商业道德敏感性对控制变量的回归，F值为9.071，$p<0.001$，模型显著，通过F检验。其中，性别（$\beta=0.204$，$p<0.001$）对商业道德敏感性有显著正向影响，受教育程度（$\beta=0.136$，$p<0.05$）、在保险行业工作年限（$\beta=0.152$，$p<0.05$）对商业道德敏感性有显著正向影响，年龄（$\beta=0.092$，$p>0.05$）、工作性质（$\beta=0.049$，$p>0.05$）对商业道德敏感性没有显著影响。这一结论与3.4.2部分中有关人口统计学变量与保险营销员商业道德敏感性之间关系的结论一致。根据控制变量的赋值情况和样本分布可知，性别与商业道德敏感性的正相关说明了女性比男性具有较高的商业道德敏感性；受教育程度与商业道德敏感性的正相关说明高学历的保险营销员具有更高的商业道德敏感性；在保险行业工作年限与商业道德敏感性的正相关说明保险营销员在保险行业工作时间越长越容易具有较高的商业道德敏感性。年龄、工作性质对商业道德敏感性没有显著影响，这可能与保险公司的职位晋升体系有关，普通保险营销员的业务量达到一定金额且增员超过一定人数即可晋升为业务主任，以此类推晋升为业务经理，因此各种工作性质的保险营销员都具有商业道德敏感性。模型1的R^2为0.134，模型解释了保险营销员商业道德敏感性13.4%的方差。

模型2表示商业道德敏感性对控制变量和自变量（组织伦理氛围）的回归，F值为18.873，$p<0.001$，模型显著，通过F检验。其中，性别（$\beta=0.249$，$p<0.001$）、受教育程度（$\beta=0.168$，$p<0.01$）对商业道德敏感性有显著正向影响，年龄（$\beta=0.105$，$p>0.05$）、在保险行业工作年限（$\beta=0.132$，$p>0.05$）、工作性质（$\beta=0.013$，$p>0.05$）对保险营销员商业道德敏感性没有显著影响，组织的伦理氛围（β=0.387，p<0.001）对保险营销员的商业道德敏感性有显著正向影响。模型2的R^2为0.279，模型解释了保险营销员商业道德敏感性27.9%的方差。

模型3表示商业道德敏感性对控制变量、自变量（组织伦理氛围）以及调节变量（道德强度）的回归，F值为17.178，p<0.001，模型显著，通过F检验。其中，性别（β=0.259，p<0.001）、受教育程度（β=0.161，p<0.01）、在保险行业工作年限（β=0.139，p<0.05）对商业道德敏感性有显著正向影响，年龄（β=0.105，p>0.05）、工作性质（β=0.012，p>0.05）对商业道德敏感性没有显著影响。组织伦理氛围（β=0.351，p<0.001）、道德强度（β=0.120，p<0.05）对商业道德敏感性有显著正向影响。模型3的R^2为0.292，模型解释了保险营销员商业道德敏感性29.2%的方差。

模型4表示商业道德敏感性对控制变量、自变量（组织伦理氛围）、调节变量（道德强度）、交互项（伦理氛围×道德强度）的回归，F值为16.079，p<0.001，模型显著，通过F检验。其中，控制变量性别（β=0.248，p<0.001）、受教育程度（β=0.168，p<0.01）对商业道德敏感性有显著正向影响，年龄（β=0.107，p>0.05）、在保险行业工作年限（β=0.132，P>0.05）、工作性质（β=0.010，p>0.05）对保险营销员商业道德敏感性没有显著影响，组织的伦理氛围（β=0.342，p<0.001）、道德强度（β=0.107，p<0.05）对保险营销员的商业道德敏感性有显著正向影响，交互项（β=−0.124，p<0.05）对商业道德敏感性有显著的负向影响。研究假设H5-5得以验证。模型4的R^2为0.307，模型解释了保险营销员商业道德敏感性30.7%的方差。

为了更清晰地说明调节变量如何影响自变量和因变量，单纯从方程系数的大小不容易看出，通常需要绘制散点图（趋势线）来说明问题。图5-3表明了这种交互的影响模式，根据Cohen等（2003）推荐的程序，以高于均值一个标准差和低于均值一个标准差为基准描绘了不同问题的道德强度在组织伦理氛围下保险营销员商业道德敏感性的差别。

5 组织与问题因素对商业道德敏感性的交互影响

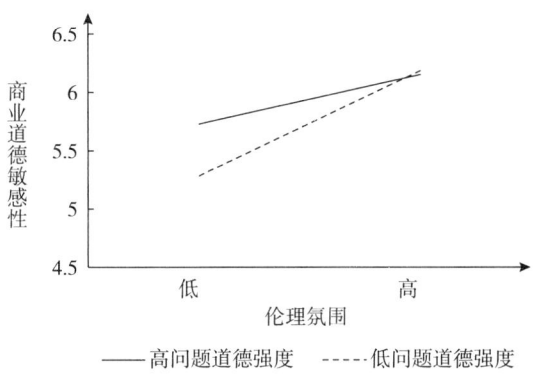

图 5-3 伦理氛围与道德强度对商业道德敏感性的交互影响

5.5 讨论与结论

研究结果显示,伦理型领导对保险营销员的商业道德敏感性具有显著的正向影响。即如果领导者在日常的组织工作环境中在道德方面以身作则,如训导违反道德规范的员工,那么员工就会因为领导者对道德守则的支持而对工作中遇到的道德问题具有更高的敏感性;相反,如果领导者自身经常做出不道德的行为,那么员工就会倾向于对工作中的不道德问题视而不见。这一结果与 Schminke 等 (2005) 的研究结果基本一致,他们认为伦理型领导会促进员工对工作环境的伦理感知。

目前来看,我国一些保险公司的晋升机制还不够完善,而主要以增员人数和个人业绩来决定。在这种情况下,如果存在道德失范的保险营销员晋升为业务主任,乃至业务经理后,在其所管理的业务组内就会形成示范效应,将会对其增员的营销员对工作中道德问题的感知和觉察产生不好的影响。组织成员期待能够"复制"其直接领导者的成功,这就必然促使他们不断模仿领导者在日常工作中的言行与处事态度(黄珺君,2013),此时领导者的行为是否道德至关重要。所以,应该重视管理层的伦理型领导,提升企业的伦理型领导水平,在工作中树立伦理行为榜样，通过严格的招聘选拔和有效的日常培训使领导者形成标准化的伦理行为示范，并通过组织的奖惩制度以及与员工的双向沟通和选拔机制来影响员工的道德敏感性，进而影响其伦理行为（王端旭和赵君，2013）。特别是对保险经理人进行选拔和任用时，对其胜任力的考察不能仅限于业务技能、专业知识，对个人特质、职业素养和领导特质也要给予更多的关注。

本章是基于员工的视角对领导风格和组织伦理氛围的感知，从表5-5可以看出，伦理型领导能解释组织伦理氛围22.3%的变异。据此可以得出，伦理型领导能够正向显著影响组织伦理氛围的构建。这和Dickson等（2001）、Neubert等（2009）的研究结果相符，可见，伦理氛围最重要的决定因素是组织领导者日复一日的行为（Stringer，2002）。

在管理实践中，企业的领导者应在工作中强调伦理观念，不仅在个人生活和工作中始终保持其伦理行为，为员工树立伦理行为榜样，且应通过建立有效的奖酬体系和控制系统，规范员工的日常行为，构建和维持良好的伦理氛围（王端旭和赵君，2013）。伦理型领导者通过正式或非正式的渠道不断向下属表明做正确的事情是组织所期望的、鼓励的和有价值的。这样，组织成员能够更容易地感知到组织的伦理氛围。如果领导以默许的态度纵容个别员工采用欺骗客户的方式获取高额的佣金报酬，组织内的其他员工就很可能效仿这种违反职业道德的行为。作为伦理行为角色模范的伦理型领导者，能够帮助组织成员辨别伦理问题，提高组织成员处理道德困境的能力。此外，伦理型领导还能够帮助下属在经济利益的诱惑下，坚持高度的伦理标准。由此，伦理型领导对伦理型组织的构建起到重要的影响作用。

研究结果显示，组织的伦理氛围与保险营销员的商业道德敏感性呈正相关关系，并且具有显著的正向影响（$\beta = 0.387$，$p< 0.001$），说明组织伦理氛围能够直接对保险营销员的商业道德敏感性产生积极的影响。这与Key（2002）、VanSandt等（2006）、Schminke等（2005）的研究结果相符，若员工能感知到组织积极的伦理氛围，则更容易具有较高的道德敏感性；若缺少正向伦理感染，则会导致对周围环境中的道德

5 组织与问题因素对商业道德敏感性的交互影响

问题缺少敏锐的识别和察觉。

组织伦理氛围影响员工的心理知觉结构,使员工了解组织的共同价值观与目标,以及在此背景下自身应遵从的行为规范体系和遭遇道德困境时的应对选择,进而影响伦理态度和行为(Malloy & Agarwal, 2001)。由此可见,作为组织文化的重要组成部分和具体内容,在公司中塑造伦理气氛,对于有效地培养保险营销员的商业道德敏感性,使之与组织目标保持一致,具有非常重要的现实意义。组织的伦理氛围向保险营销员传递关于组织伦理的价值观、期望、要求、回报等方面的信息,员工会根据身处的组织伦理氛围,调整实际工作中的伦理感知和判断。当保险营销员感受到高标准的组织伦理氛围支持时,就会对工作中涉及道德的问题较为敏感。与之相反,当保险营销员处于缺乏伦理的组织氛围中时,就更可能对各种不道德的职业行为视而不见、听而不闻。

研究结果还表明,组织伦理氛围在伦理型领导与保险营销员商业道德敏感性之间起部分中介作用,这说明伦理型领导除了能直接对保险营销员商业道德敏感性产生积极影响外,还能够间接地通过促进组织伦理氛围的形成来影响下属的商业道德敏感性。这与Schminke等(2005)的研究结果一致。此外,Jones(1991)在其道德问题权变理论中提出,组织因素只是对决策过程的后两个阶段建立道德意向与从事道德行为有直接的影响,而本章扩充了其研究的范围,验证了组织因素中的伦理型领导、伦理氛围对道德决策的第一个阶段——道德敏感性也有直接的影响。

也就是说,组织中领导者的德性水平越高,越能通过正式或非正式的渠道引导构建积极的组织伦理氛围,保险营销员越能明确地感知到日常工作中蕴含的道德问题,进而影响他们的职业道德行为。在保险经理人是伦理型领导者时,保险营销员更可能对不符合道德标准的工作行为较为敏感,更有可能在向客户推荐产品时避免欺诈,以及抵制同行或同业竞争者的不正当竞争等行为上具有高度的职业敏感性,积极维护保险营销人员的职业形象,努力提高客户服务质量。

最后,研究结果还显示,问题的道德强度在伦理氛围对保险营销员的商业道德敏感性的影响中起调节作用。这表明,当问题的道德强度较低时，组织的伦理氛围会使保险营销员对商业道德情境更敏感；而当问题的道德强度较高时，伦理氛围对保险营销员的商业道德敏感性的影响不大。这与李晓明等（2008）的研究结果一致。由此可见，在问题的道德强度与组织伦理氛围的交互作用中，当问题的道德强度较低时，伦理氛围对商业道德敏感性的影响作用更强；而在问题的道德强度较高，即问题本身较为重要或凸显的情况下，伦理氛围对商业道德敏感性的影响作用就会相对较小，而以问题的道德强度对道德敏感性的影响占主要地位。

虽然从统计结果来看，具有相对稳定性和长期性的组织伦理氛围与具体的道德问题强度具有此消彼长的交互作用，但两者对保险营销员的商业道德敏感性都具有积极的影响作用。而在道德问题客观存在的情况下，组织的管理者更应从伦理氛围的培养和构建上着力，使保险营销员在积极良好的组织氛围中，耳濡目染地受到潜移默化的影响，提高自身对道德问题的敏感性水平，进而做出道德决策的行为。

还有一点需要指出的是，高层次特征的存在或其发生过程影响着低层次特征的存在或发生。由于变量是建构于不同层次上的，因此变量间的关系也发生在多层次之间，从而需要特殊的分析工具才能加以估计（Luke，2004）。多层次线性分析方法是对分层嵌套数据进行分析的理论和方法，在研究组织层面对个体层面变量的影响时，是更适合和更完善的分析工具。在本章研究设计之初，拟用保险公司中各业务经理所管辖营销员测量的变量平均值作为组织层面数据。但在实际数据收集过程中，虽然跨越多个地区联系多家保险公司，个体有效样本数达到285个，但是拟合出的组织层面样本数未能达到最低的统计要求30个。因而在现有的研究中，只得舍弃多层次模型而采用了原有的单一层次模型来计算数据。这也是本章研究存在的缺憾和不足，在未来的研究中，采用多层次线性分析来检验现有的假设模型，可以使研究结果更为准确和科学。

综上所述，本章通过对调查问卷的定量分析，探讨了组织因素（伦理型领导、伦理氛围）和问题的道德强度对保险营销员商业道德敏感性的交互作用影响，并通过对样本企业的实地考察对统计结果进行了阐述

5 组织与问题因素对商业道德敏感性的交互影响

和讨论,得出如下主要结论:

(1)组织的伦理型领导对保险营销员的商业道德敏感性有显著正向影响,说明组织的领导越是道德的,该组织内保险营销员的商业道德敏感性越高。

(2)组织的伦理氛围对保险营销员的商业道德敏感性有显著正向影响,说明组织的伦理氛围越强,该组织内的保险营销员的商业道德敏感性越高。

(3)组织的伦理型领导对伦理氛围有显著正向影响,说明组织的领导越是注重伦理,员工越会倾向于有较高的商业道德敏感性。

(4)组织的伦理氛围在伦理型领导对保险营销员商业道德敏感性的影响中具有部分中介作用。

(5)再次验证了道德强度对保险营销员商业道德敏感性的显著正向影响,说明问题的道德强度越高,保险营销员的商业道德敏感性越高。

(6)问题的道德强度在伦理氛围对保险营销员商业道德敏感性的影响中起调节作用。

综上所述,假设结果如表5-7所示:

表5-7 本章研究假设结果小结

假设	假设内容	结果
H5-1	伦理型领导正向显著影响保险营销员的商业道德敏感性	支持
H5-2	伦理型领导正向显著影响组织伦理氛围	支持
H5-3	组织伦理氛围正向显著影响保险营销员的商业道德敏感性	支持
H5-4	组织伦理氛围在伦理型领导与保险营销员商业道德敏感性之间起中介作用	支持
H5-5	问题的道德强度在伦理氛围对保险营销员的商业道德敏感性的影响中起调节作用	支持

6 保险营销员的商业道德敏感性对道德决策的影响

6.1 研究目的

　　道德敏感性只是道德决策的第一个心理成分，如果保险营销员不能识别工作情境中的道德问题，就很难期待他们在从业过程中实施道德的行为。虽然感知到并不一定能做到，但是尽管如此，至少我们希望对道德问题较为敏感的人更倾向于做出道德的决策，实施道德的行为。具体来看，保险营销员的商业道德敏感性对其具体道德决策有何影响？商业道德敏感性高的个体一定能做出道德的判断并产生积极的道德行为意图吗？道德决策过程中道德敏感性的作用影响路径并不十分清晰。

　　在道德决策的研究中，大量研究证实了道德判断可以有效地促进个体选择道德的行为（Barnett, Bass, Brown & Hebert, 1998; Honeycutt Jr, Glassman, Zugelder & Karande, 2001; Fleischman & Valentine, 2003），据此，我们预期道德敏感性与道德决策各成分之间也有类似的关系。而 Rest（1986）也认为，道德决策四个成分在过程上虽然具有较明显的逻辑顺序，但它们在现实中并不一定以固定的时间顺序呈现，因为它们之间存在复杂的反馈环路以及相互作用。道德决策各成分间的关系路径并不十分清晰。

　　此外，倾向性道德敏感性是个体对道德问题的态度方面表现出来的对道德问题的趋向性，情境性道德敏感性则体现为一种现实的道德心理能力。从两者的关系上看，前者是基础，后者是表现（郑信军，2008）。

6 保险营销员的商业道德敏感性对道德决策的影响

前面研究中着重于倾向性商业道德敏感性的内容结构及影响因素研究，而已往道德决策过程研究中，都是在特定情境下开展的，那么作为一般的倾向性商业道德敏感性与道德决策情境中各变量间又存在什么样的关系？本章将分别探讨倾向性/情境性道德敏感性对道德判断及道德意图的影响，并采用模拟行为研究方法探析情境性道德意图与道德行为的关系。

6.2 研究假设

Singhapakdi（2004）将道德意图定义为个体采取道德方式行为的先决条件。而 Hunt 和 Vitell（1986）曾指出，对道德问题的感知和识别（道德敏感性）是产生道德意图的先决条件；如果个体不能感知问题情境中所包含的道德成分，那么道德决策模型的后续成分也不可能产生。Singhapakdi 等（2000）提出假设并证明了具有道德敏感性的营销经理比他们的同行更易于具有道德意图。

根据计划行为理论（Ajzen，1991），意图是个体行为最有力的预测变量。为了验证 Hunt 和 Vitell（1986）的营销道德决策模型，Jones（1991）及 Singhapakdi 和 Vitell（1991）实证发现道德敏感性与道德意图间有显著的关系。他们因此推断，个体的道德敏感性会决定个人具体的行为实施。

此外，Hunt 和 Vitell（1986）指出，道德敏感性作为个人特质能解释道德行为中的显著性变化。科研人员的道德敏感性与职业行为有显著的正向关系（Namagembe & Ntayi，2012）。

Valentine 和 Rittenburg（2007）对跨国公司主管的研究发现，道德判断与道德意图之间有显著的正相关关系。Haines 和 Leonard（2007）针对 IT 企业员工的研究也发现，道德判断会对道德意图产生显著的正向影响。李晓明等（2008）的研究也证实，道德识别对道德判断有显著的负向影响，道德判断会对道德意图产生显著的正向影响，但道德识别不会对道德意图产生显著的直接影响。

同时，结合先前研究中的道德敏感性、道德判断和道德意图各阶段之间的正相关关系的结论（Singhapakid et al., 1996; Barnett & Valentine, 2004; Moores et al., 2006），为了进一步检验 Rest (1986) 的道德决策过程各成分间的内在关系，特别是在保险营销员的道德决策过程中是否也存在相应的逻辑关系和影响作用，本章提出如下假设：

H6-1：保险营销员的商业道德敏感性正向显著影响其道德判断。

H6-2：保险营销员的商业道德敏感性正向显著影响其道德意图。

H6-3：保险营销员的道德判断对其道德意图有显著正向影响。

H6-4：保险营销员的道德判断在其道德敏感性与道德意图之间起中介作用。

H6-5：保险营销员的道德意图对其道德行为有显著正向影响。

道德敏感性对道德决策过程的作用路径如图 6-1 所示。

图 6-1　道德敏感性对道德决策过程的作用路径

6.3　分研究一：倾向性/情境性道德敏感性对道德决策的影响

6.3.1　研究方法

6.3.1.1　被试

本研究的施测于 2014 年 10~11 月陆续完成，被试来自保定平安保险公司、保定长城保险公司及邯郸的中国人寿保险公司，发放问卷 350 份，回收有效问卷 275 份。

样本的统计信息如表 6-1 所示。男性样本 114 例，女性样本 161

6 保险营销员的商业道德敏感性对道德决策的影响

例,分别占样本总数的41.5%和58.5%。样本年龄分布较为集中,31~50岁的样本共211例,占样本总数的76.9%。高中及以下学历的被试共172例,占样本总数的62.5%。专科和本科学历的样本共100例,占样本总数的36.3%。在保险行业工作3~5年的样本120例,占样本总数的43.6%。由该样本信息可以看出,被试大多为中年人,女性占大多数,且学历普遍偏低,在保险行业的工作经验丰富,这与我国保险行业的整体水平是一致的。

表6-1 道德决策施测样本统计信息

人口特征变量	类别	样本数	百分比(%)	累计百分比(%)
性别	男	114	41.5	41.5
	女	161	58.5	100.0
年龄	30岁以下	42	15.3	15.3
	31~40岁	111	40.4	55.6
	41~50岁	100	36.5	92.0
	50岁以上	22	8.0	100.0
受教育程度	初中	19	6.9	6.9
	高中	153	55.6	62.5
	专科	71	25.8	88.4
	本科	29	10.5	98.9
	研究生	3	1.1	100.0
在保险行业工作年限	2年以下	65	23.6	23.6
	3~5年	120	43.6	67.3
	6~8年	64	23.3	90.5
	9~11年	20	7.3	97.8
	12年以上	6	2.2	100.0

6.3.1.2 测量工具

本部分研究采用道德决策领域中广泛应用的情境(Scenario)研究法来测量情境性的道德敏感性、道德判断及道德意图。由于情境的使用允许研究者展示更逼近现实生活的特殊决策情形,研究者们通常将情境和一些发展成熟的量表结合起来研究个体的道德决策过程（Chonko & Hunt，1985；Singhapakdi & Vitell，1990；McMahon，2002）。使用情境来进行问卷调查，可以向不同的参与者提供标准化的社会刺激，并且可以使决策情境更为真实（Alexander & Becket，1978），因此可以得到高质量的数据（Weber，1992）。此外，Hunt 和 Vitell（1986）也指出，使用情境进行营销道德决策的研究极为合适。

McMahon（2002）指出，在没有适合的情境时，需要自己设置。Flannery 和 May（2000）的研究中所使用的情境即在采访了一个金属深加工企业的经理后，根据其文献参阅及个人经验，为研究设置了一个合理的道德情境。于海超（2012）在其研究中也设计开发了灾难救援伦理决策情境，并进行了验证。

由于目前研究中比较成熟的道德决策情境都是针对一般商业组织或医护工作，对保险行业的道德决策问题鲜有提及，因此本部分研究设置了3个保险营销员日常工作中常见道德决策情境。

为了减少社会称许性造成的偏差，本研究遵循 Butterfield 等（2000）的建议，在情境中设置了一名行动者，而不是让被试扮演道德决策的行为者。同时，为了减少因情境过长而产生的反应偏差，所有情境保持在 50~100 字（McMahon，2002）。共设置 3 个保险营销员道德决策情境，涉及在保险营销员工作中出现的"抢单""欺瞒"和"返佣"问题。

道德敏感性测量：参照 Singhapakdi 等（1996，1999）及 Barnett 和 Valentine（2004）的研究，采用李克特五点量表（从"1＝完全不认同"到"5＝完全认同"）让被试回答对"该决策情境涉及道德问题"这一项目的同意程度。该项得分越高，说明被试的道德敏感性越强。

第 3 章开发的商业道德敏感性量表更注重测量保险营销员的个人倾向性道德敏感性，而在本部分的研究中，测量的是个体在特定情境下的道德敏感性，因此命名为情境性道德敏感性。

道德判断测量：参照 Morris 和 McDonald（1995）及 Vitell 等（2003）的研究，采用李克特五点量表（从"1＝完全不认同"到"5＝完全认同"）让被试回答对"该行为是道德的"这一项目的同意程度。

6 保险营销员的商业道德敏感性对道德决策的影响

分数越高,表明被试越认为该道德两难行为是道德的。

道德意图测量:参照已有研究,采用2个项目测量被试的道德行为意图,分别为"在这种情境下,我也会采取此行为"(Vitell et al.,2003)和"在这种情境下,我周围的同事也会采取这一行为"(Singhapakdi et al.,1996)。让被试通过对周围人的评价来映射其个人的真实态度,也可以避免或减少测量的社会称许性(Davis,Andersen & Curtis,2001)。要求被试采用李克特五点量表("从1=完全不认同"到"5=完全认同")做出回答。用两项的平均分代表被试的道德行为意图,得分越高,表明被试实施该行为的意图越强烈。

Musbah 等(2014)、李晓明等(2008,2012)在其系列研究中,也采取了该方式测量被试的道德决策过程。

本研究中的情境案例为对不道德行为的识别、判断和行为意图,即道德敏感性为对不道德行为的感知和识别;道德判断为个体认为所描述行为是不道德的程度;道德意图是个体主观上拒绝所描述行为的程度。为了降低被试的社会称许性,依据以往学者的研究方法,道德判断和道德意图没有采用否定句测量(蓝小飞,2012),而采用肯定句,即采用反向量表,即在量表上道德判断与道德意图得分越低,说明该被试的道德判断与道德意图水平越高。在后期数据处理时需要将其转换为正向分数。

倾向性商业道德敏感性采用第3章开发的量表来测量,该量表包含四个维度,共15个条目。

6.3.1.3 数据分析

本研究采用SPSS18.0和AMOS 17.0进行所有的统计分析。具体进行的统计分析包括:首先,考察使用的情境性道德决策量表的信度,并采用验证性因子分析和效标关联效度考察所使用量表的效度;其次,采用层次回归分析方法分别考察倾向性/情境性道德敏感性与道德判断、道德意图之间的关系;最后,采用模拟行为研究的方法探讨情境性的道德意图与道德行为之间的关系。

6.3.2 研究结果

6.3.2.1 量表的信效度检验

在信度检验中,倾向性商业道德敏感性、情境性道德敏感性、道德判断及道德意图量表的 Cronbach's α 系数依次为 0.875、0.866、0.909 与 0.913,均大于 0.7,属于高信度,说明采用的量表有较好的信度。

为了进行情境性量表的效度检验,首先采用验证性因子分析对调查所获得的数据进行分析,以确认研究中所使用的三个变量(道德敏感性、道德判断和道德意图)的区分效度,结果如表 6-2 所示。

表 6-2 各模型的拟合度对比

拟合指标	χ^2	χ^2/df	RMR	GFI	NFI	RFI	IFI	CFI	RMSEA
单因素模型	184.738	8.797	0.237	0.889	0.911	0.848	0.921	0.920	0.162
三因素模型	61.509	2.929	0.087	0.957	0.971	0.949	0.949	0.980	0.080

从表 6-2 中可以看出,单因素模型(道德敏感性+道德判断+道德意图)的拟合指标中,χ^2/df 及 RMSEA 的值都不达标。三因素模型(道德敏感性、道德判断、道德意图)的 χ^2/df 为 2.929,拟合性良好;绝对适配度指数 RMSEA 为 0.08,GFI 值为 0.957,是理想的拟合;增值适配度指数 NFI、RFI、IFI 和 CFI 分别为 0.971、0.949、0.949 和 0.980,接近 1;综合以上指标,可以说明本研究所涉及的三个变量具有良好的区分效度,的确代表了三个不同的构念。同时,验证性因子分析的结果还显示,在三因素模型中各项目的因子载荷较高且 t 值均达到了显著性水平($p<0.01$),并且未出现不恰当解,这说明各构念具有良好的聚合效度。

效标关联效度是在有其他外部效标存在的情况下,根据量表之间的相关系数来检验量表的效度(张辉华,2006)。本研究运用第 3 章编制的倾向性商业道德敏感性量表作为效标检验情境性道德敏感性量表的效

6 保险营销员的商业道德敏感性对道德决策的影响

度。从表6-3中可以看出,保险营销员的倾向性道德敏感性与情境性道德敏感性存在显著正相关关系(与抢单情境的 r=0.277, p<0.01;与欺瞒情境的 r=0.144, p<0.01;与返佣情境的 r=0.158, p<0.01),说明该项目测量情境性道德敏感性的效标关联效度较好。

表6-3 效标关联效度

变量	均值	标准差	1	2	3	4
1. 倾向性商业道德敏感性	6.29	0.508	1			
2. 情境性道德敏感性(抢单)	3.99	1.283	0.277**	1		
3. 情境性道德敏感性(欺瞒)	4.05	1.270	0.144**	0.661**	1	
4. 情境性道德敏感性(返佣)	4.01	1.211	0.158**	0.665**	0.725**	1

注:① ** 代表 p<0.01;② 所有相关系数都基于双尾检验。

6.3.2.2 各变量的统计描述

为验证提出的研究假设,首先对人口统计学变量及倾向性商业道德敏感性、情境性道德敏感性、情境性道德判断和情境性道德意图进行了相关性分析。由于道德判断及道德意图都是在具体情境条件下测量的,因此后文中情境性道德判断、情境性道德意图均简称为道德判断和道德意图。由表6-4可知,倾向性商业道德敏感性与情境性道德敏感性之间显著正相关(r=0.218, p<0.01),与情境性道德判断之间显著正相关(r=0.173, p<0.01),与情境性道德意图之间显著正相关(r=0.524, p<0.01)。但情境性的道德敏感性与道德判断在0.01水平上存在显著负向相关(r=-0.227),与道德意图之间呈显著正相关关系(r=0.451, p<0.01),情境性道德判断与道德意图之间呈显著正相关关系(r=0.250, p<0.01)。相关分析的结果为后续研究假设的验证奠定了基础。

表6-4 各变量之间的相关系数

变量	M	SD	1	2	3	4	5	6	7	8	9
1. Sex	0.59	0.494	1								

续表

变量	M	SD	1	2	3	4	5	6	7	8	9
2. Ag	2.37	0.837	0.223**	1							
3. Edu	2.43	0.814	-0.006	-0.161**	1						
4. Exp	2.21	0.957	0.159**	0.609**	-0.078	1					
5. Ov	2.65	0.406	-0.120*	-0.130*	0.012	-0.138*	1				
6. ES	6.29	0.508	-0.041	-0.142*	0.140*	-0.052	0.046	1			
7. SES	4.02	1.115	0.066	0.000	-0.020	-0.004	0.168**	0.218**	1		
8. SEJ	3.23	1.281	-0.068	-0.055	0.067	0.060	-0.238**	0.173**	-0.227**	1	
9. SEI	3.51	1.200	-0.021	-0.091	0.045	-0.036	0.116	0.524**	0.451**	0.250**	1

注：①Sex=性别，Ag=年龄，Edu=受教育程度，Exp=在保险行业工作年限，Ov=过度宣称，ES=倾向性商业道德敏感性，SES=情境性道德敏感性，SEJ=情境性道德判断，SEI=情境性道德意图；②*代表 $p<0.05$，**代表 $p<0.01$；③所有相关系数都基于双尾检验。

相关系数只是表明各变量之间的相关关系，要确定各变量间的因果关系是否显著还要通过多层线性回归分析进行验证。

6.3.2.3 倾向性商业道德敏感性对道德决策的影响

与前面章节相同，仍采用温忠麟和叶宝娟（2014）改进的中介效应检验流程来检验道德判断在倾向性商业道德敏感性与道德意图中的中介作用。先将自变量、中介变量和因变量分别进行标准化处理，再通过比较回归系数的差异性，进而得出中介作用的效果，具体统计结果如表6-5所示。

表6-5 倾向性商业道德敏感性对道德决策各变量关系的检验结果

自变量	因变量			
	模型1	模型2	模型3（道德意图）	
	道德判断	道德意图	第一步	第二步
性别	-0.068	0.033	0.014	0.031
年龄	-0.111	-0.058	-0.020	0.003
受教育程度	0.037	0.015	-0.031	-0.039
在保险行业工作年限	0.117	0.003	0.012	-0.012

6 保险营销员的商业道德敏感性对道德决策的影响

续表

自变量	因变量			
	模型1	模型2	模型3（道德意图）	
	道德判断	道德意图	第一步	第二步
过度宣称	-0.254***	0.182**	0.093	0.146**
倾向性商业道德敏感性	0.166**			
道德判断		0.291***		
倾向性商业道德敏感性			0.522***	0.488***
道德判断				0.206***
R^2	0.111	0.099	0.284	0.322
ΔR^2	0.111	0.099	0.284	0.038
F	5.553***	4.922***	17.746***	18.123***

注：① ** 代表 $p<0.01$，*** 代表 $p<0.001$；② 所有相关系数都基于双尾检验。

第一步检验结果见模型 3 中，倾向性商业道德敏感性对保险营销员的道德意图（$\beta = 0.522$，$p < 0.001$）具有显著的正向影响。研究假设 H6-2 得到了验证。

第二步检验结果见模型 1 中，倾向性商业道德敏感性与道德判断的标准化系数为 0.166，$p<0.01$，回归系数显著，研究假设 H6-1 得到验证。模型 2 中，道德判断对保险营销员的道德意图（$\beta = 0.291$，$p < 0.001$）具有显著的正向影响。研究假设 H6-3 得到了验证。模型 3 中控制了自变量的影响后，中介变量道德判断对因变量道德意图的影响仍然显著（$\beta = 0.206$，$p < 0.001$）。即检验流程中的 a 和 b 都是显著的，间接效应显著，直接转到第四步。

第四步将自变量倾向性商业道德敏感性与中介变量道德判断一起进入回归方程以预测因变量道德意图，此时方程中自变量的系数 c' 显著（$\beta = 0.488$，$p<0.001$），说明直接效应显著。

第五步比较 ab 和 c' 的符号，都同为正号，属于部分中介效应，此时，中介效应占总效应的比例 ab/c = 0.166×0.206/0.522 = 0.0655。由此可以得出，保险营销员的道德判断在其倾向性商业道德敏感性与道德意图之间具有部分中介作用。至此，假设 H4 得到了支持。

6.3.2.4 情境性商业道德敏感性对道德决策的影响

同前检验方法，将自变量、中介变量和因变量分别进行标准化处理，然后采用改进后的多层线性回归的方法检验情境性道德敏感性对道德判断及道德意图的作用路径。表6-6列出了情境性道德敏感性对道德决策各变量关系的检验结果。

表6-6 情境性道德决策各变量关系的检验结果

自变量	因变量			
	模型1	模型2	模型3（道德意图）	
	道德判断	道德意图	第一步	第二步
性别	-0.072	0.033	-0.031	-0.003
年龄	-0.136	-0.058	-0.096	-0.042
受教育程度	0.053	0.015	0.041	0.020
在保险行业工作年限	0.128	0.003	0.036	-0.014
过度宣称	-0.216***	0.182**	0.029	0.114*
情境性道德敏感性	-0.185**			
道德判断		0.291***		
情境性道德敏感性			0.449***	0.522***
道德判断				0.393***
R^2	0.117	0.099	0.216	0.353
ΔR^2	0.117	0.099	0.216	0.136
F	5.911***	4.922***	12.323***	20.770***

注：① *代表p<0.05，**代表p<0.01，***代表p<0.001；② 所有相关系数都基于双尾检验。

第一步检验结果见模型3中，情境性道德敏感性对保险营销员的道德意图（β= 0.449，p<0.001）具有显著的正向影响。研究假设H6-2得到了验证。

第二步检验结果见模型1中，情境性道德敏感性与道德判断的标准化系数为-0.185，p<0.01，回归系数显著，研究假设H6-1未能得到验

证。模型 2 中,道德判断对保险营销员的道德意图（β=0.291,p<0.001）具有显著的正向影响。研究假设 H6-3 得到了验证。模型 3 中控制了自变量的影响后,中介变量道德判断对因变量道德意图的影响仍然显著（β=0.393,p<0.001）。即检验流程中的 a 和 b 都是显著的,间接效应显著,直接转到第四步。

第四步将自变量情境性道德敏感性与中介变量道德判断一起进入回归方程以预测因变量道德意图,此时方程中自变量的系数 c' 显著（β=0.522,p<0.001）,说明直接效应显著。

第五步比较 ab 和 c' 的符号,由于 a 为负值,b 和 c' 为正值,所以 ab 和 c' 为异号,属于遮掩效应（suppressing effects）（温忠麟和叶宝娟,2014）,此时间接效应与直接效应的比例的绝对值 |ab/c'|=|-0.185×0.393/0.522|=0.139。可见,保险营销员的道德判断在其情境性道德敏感性与道德意图之间的中介作用不显著。至此,假设 H4 没能得到支持。

综上所述,无论是倾向性商业道德敏感性还是情境性道德敏感性,对情境中的道德意图都有显著的正向影响,道德判断对道德意图也具有显著的正向影响。但是倾向性商业道德敏感性对道德判断具有显著的正向影响,而情境性道德敏感性对道德判断具有显著的负向影响。道德判断在倾向性商业道德敏感性与道德意图之间起部分中介作用,在情境性道德敏感性与道德意图之间具有遮掩效应。

6.4 分研究二：情境性道德意图与道德行为的关系

6.4.1 研究方法

在本章的研究中,由于具体施测的难度较大,未能对保险营销员的实际道德行为进行测量和研究。在研究设计中,拟采用保险公司内,业务经理对业务主任评价、业务主任对本组保险营销员评价的他评形式来获取道德行为的变量值。在此种情况下，就需要保险营销员的自评问卷和领导的他评问卷都采用实名的形式，在预测试中发现，使用实名他评的形式引起了被试的强烈不满和反感，反而影响了对其道德决策过程的真实作答，故正式施测时仍采用保险营销员匿名自评的形式来测量其道德决策过程的前三个阶段，而道德意图对道德行为的影响研究采用了模拟行为研究方法。

6.4.1.1 研究被试

为了尽量模拟保险营销员的实际道德决策行为，本部分研究选取了在专业知识上同质性较高的学生群体作为被试，他们是来自河北省一所大学保险专业的三年级本科生30人。

6.4.1.2 施测步骤

施测是在2014学年期末"保险营销学"课程结束时课上进行的。研究者将前面研究中采用的自评式情境性道德决策问卷分发给每个学生，量表及计分方式同前研究，来测量学生的情境性道德敏感性、道德判断和道德意图。下课后，研究者又单独联系并发给该班的班长、团支书和学习委员三名同学他评问卷。他评问卷的道德决策情境与前同，让他们三人根据对班内同学的了解，评价每一位同学在将来的工作中如果遇到上述相同的情境时，是否会有与情境中甲乙丙相同的行为。在1（肯定会）、2（经常会）、3（不确定）、4（偶尔会）和5（肯定会）的连续体上进行选择。三名班干部对同一名同学评分的平均值，作为该同学的道德行为的分值。得分越高，说明该被试越容易做出道德的行为决策。

6.4.2 研究结果

抢单情境下道德决策各变量间的关系如表6-7所示。道德决策的前三个成分间都显著正相关，但道德行为与前三个变量间都不相关，道德意图与道德行为间相关系数为0.157，但显著性$p>0.05$。

6 保险营销员的商业道德敏感性对道德决策的影响

表6-7 抢单情境下道德决策的描述性统计分析

变量	均值	标准差	1	2	3	4
1. 道德敏感性	3.37	1.326	1			
2. 道德判断	3.63	1.066	0.586**	1		
3. 道德意图	2.63	0.694	0.563**	0.395*	1	
4. 道德行为	3.54	0.681	0.344	0.174	0.157	1

注：① * 代表 $p<0.05$，** 代表 $p<0.01$；②所有相关系数都基于双尾检验。

欺瞒情境下道德决策各变量间的关系如表6-8所示。道德决策的前三个成分间都显著正相关，但道德行为与前三个变量间都不相关，道德意图与道德行为间相关系数为0.014，其显著性 $p>0.05$。

表6-8 欺瞒情境下道德决策的描述性统计分析

变量	均值	标准差	1	2	3	4
1. 道德敏感性	4.03	1.033	1			
2. 道德判断	4.17	0.747	0.574**	1		
3. 道德意图	3.02	0.815	0.552**	0.562**	1	
4. 道德行为	3.59	0.617	0.148	0.279	0.014	1

注：** 代表 $p<0.01$；②所有相关系数都基于双尾检验。

返佣情境下道德决策各变量间的关系如表6-9所示。道德决策的前三个成分间都显著正相关，但道德行为与前三个变量间都不相关，道德意图与道德行为间相关系数为-0.043，其显著性 $p>0.05$。

表6-9 返佣情境下道德决策的描述性统计分析

变量	均值	标准差	1	2	3	4
1. 道德敏感性	2.83	0.817	1			
2. 道德判断	2.70	1.055	0.684**	1		
3. 道德意图	2.35	0.671	0.632**	0.470**	1	
4. 道德行为	3.59	0.623	-0.189	-0.211	-0.043	1

注：① ** 代表 $p<0.01$；② 所有相关系数都基于双尾检验。

模拟行为研究结果并不理想，三个情境下被试的道德意图与道德行为均不相关，再进一步检验总的情境性道德决策各变量间的相关关系，结果如表6-10所示。

表6-10 情境道德决策的描述性统计分析

变量	均值	标准差	1	2	3	4
1. 道德敏感性	3.21	0.790	1			
2. 道德判断	3.50	0.671	0.567**	1		
3. 道德意图	2.67	0.582	0.612**	0.412*	1	
4. 道德行为	3.57	0.576	0.286	0.144	0.093	1

注：① *代表 $p<0.05$，**代表 $p<0.01$；② 所有相关系数都基于双尾检验。

结果显示，情境性道德决策中道德敏感性与道德判断、道德意图的正相关关系显著，进一步验证了假设H6-1和H6-2。但道德意图与道德行为无相关关系（$r=0.093$，$p>0.05$），因而假设H6-5未能得到证实，无法从该模拟行为研究中证明道德意图与道德行为之间的关系。

6.5 讨论与结论

郑信军（2008）曾指出，道德敏感性包含着倾向性道德敏感和情境性道德敏感两个重要成分。其中，倾向性道德敏感是建立在道德价值优先的态度基础上的反应倾向性，是道德敏感性的静态结构成分；情境性道德敏感则是个体在情境中自觉觉察道德线索和发现道德问题，以道德思考来审视情境的心理能力，是道德敏感性的动态结构成分。

在第3章保险营销员的商业道德敏感性内容研究中，将保险职业道德规范、理论文献及实地调查三方面有机结合来探索出我国保险营销员日常工作中有违伦理道德的行为，进而探索出保险营销员的商业道德敏感性是包含对欺瞒公司、侵犯客户、虚假信息和人身攻击四类问题的敏感性，因而属于静态的倾向性道德敏感性。而在本章中，采用了道德决

6 保险营销员的商业道德敏感性对道德决策的影响

策领域中广泛应用的情境（Scenario）研究法，在无结构性情境故事基础上所使用的道德敏感性测评则反映了情境性道德敏感性的本质。

研究结果显示，保险营销员的情境性道德敏感性与其倾向性的商业道德敏感性有显著的相关性，倾向性的商业道德敏感性与抢单、欺瞒及返佣情境的道德敏感性都显著正相关。这一方面验证了所使用情境测量的效标关联效度，另一方面也表明了保险营销员的倾向性与情境性道德敏感性的内在一致性，倾向性的道德敏感性是基础，情境性道德敏感性是表现（郑信军，2008）。

学者对道德决策的大量实证研究表明，无论是一般道德问题还是企业管理实践中具体的一些行为，道德决策各阶段的相关关系均成立（蓝小飞，2012）。不论是在分研究一中倾向性/情境性商业道德敏感性对道德决策过程的影响，还是在分研究二的模拟行为研究中，各研究的结果都证实了这一结论，保险营销员的道德决策过程中道德敏感性、道德判断和道德意图显著相关。

在探讨倾向性商业道德敏感性对保险营销员的道德决策影响时发现，倾向性商业道德敏感性对道德判断有显著的正向影响，这与 Musbah 等（2014）和我国学者金杨华及其学生的系列研究中，道德识别对道德判断存在显著正向影响（洪科芳，2010；金杨华和吕福新，2008；吕灿灿，2013；张丽娅，2012）的结果是一致的。

在情境中探讨保险营销员的道德敏感性在道德决策中的作用，结果显示道德敏感性对道德判断有显著的负向影响，这与国外一些学者的研究结论一致（Barnett，2001；Rottig，Koufteros & Umphress，2011），与王兴超（2011）、李晓明等（2008，2012）等对道德决策的检验结果也是一致的，但是在 Chan 和 Leung（2006）的研究中，没有发现会计学生的道德敏感性与道德判断存在显著的关系。

与其他学者的研究结果不一致，可能是由对变量定义和测量的不一致所造成的。在 Musbah 等（2014）的研究中，用被试对情境中"（决策制定者）不应该这样做"的同意程度来测试其道德判断；在金杨华及其学生的研究中，在向被试呈现伦理两难情境后，使用"您觉得 A 的行为可以接受吗？"来测量企业管理者的伦理认知，用"您觉得 A 的行为符合伦理吗？"来测量伦理判断。而本研究通过让被试判断"该决策情境涉及道德问题"的程度来测量道德敏感性，且道德判断采用反向题对"该行为是道德的"同意程度来测量，数据使用时采用正向数据计算，因而会出现道德敏感性与道德判断影响方向不一致的情况。在Pan和Sparks（2012）对道德判断的元分析中，也指出了已有研究对道德判断概念的多种操作化是导致实证研究结果不一致的主要原因。

而在分研究一中，倾向性商业道德敏感性与情境性道德敏感性对道德判断的影响都是显著的，但是方向却相反。究其原因，可能是由倾向性与情境性道德敏感性的关系引起的。倾向性道德敏感作为较为稳定和内化的态度倾向于对情境性道德敏感的基础性作用（郑信军，2008）。而情境信息的特征会影响倾向性道德敏感转换为情境性道德敏感，即情境性道德敏感并非一种绝对稳定的心理能力，而是情境特异的。所以在道德决策过程中情境起到了重要的调节作用。保险营销员面对不同的道德决策情境时，其道德敏感性对道德判断的影响存在较大差异。

研究结果显示，保险营销员的道德敏感性对道德意图有显著的正向影响，不论是倾向性的商业道德敏感性还是情境性的道德敏感性，研究结果都一致。这与Singhapakdi（1999）和Singhapakdi等（1999）的研究结果是一致的，同时也再次验证了Hunt和Vitell（1986）、Haines等（2008）的结论，即对道德问题重要性的感知和识别是道德意图的预测变量。但在Musbah等（2014）及李晓明等（2008，2012）的研究中，道德识别并不会对道德意图产生显著的直接影响。这可能在于李晓明等的研究中，主要检验道德强度和移情对道德决策过程的影响，对道德决策过程本身各变量间的复杂关系并未进行进一步的检验。虽然倾向性商业道德敏感性和情境性道德敏感性对道德判断阶段的影响存在差异，但是对道德决策第三个心理成分——道德意图都具有一致的显著正向影响，并且倾向性道德敏感性是情境性道德敏感性的基础，因此在整体的道德决策研究中，对倾向性道德敏感性的研究更具有重要的意义。

本研究结果还显示，保险营销员的道德判断对其道德意图有显著的正向影响，即保险营销员越是能判断出情境中所描述决策行为是不道德的，越不会具有做出相同行为的意向。这与已有大部分道德决策的实证

6 保险营销员的商业道德敏感性对道德决策的影响

研究结论是一致的（Amirshahi, Shirazi & Ghavami, 2014; Rottig et al., 2011; Valentine & Hollingsworth, 2012）。

此外，道德判断在倾向性商业道德敏感性与道德意图之间起部分中介作用，在情境性道德敏感性与道德意图之间具有遮掩效应。而且从结果可以看出，情境性道德决策中，道德敏感性与道德判断对道德意图的影响中可能存在交互影响，两者共同作用于道德意图时，每个变量的影响作用都较单个变量的作用强。这也进一步验证了 Rest（1986）四成分模型的复杂性，尽管这四个成分在过程上具有较明显的逻辑顺序，但它们在现实中并不一定以固定的时间顺序呈现，因为它们之间存在复杂的反馈环路以及相互作用。后续的研究中应引入更多的道德心理变量来检验和解释道德决策过程模型，使道德决策的心理作用过程更为清晰。

分研究二中，学生模拟行为研究的结果未能证实道德意图与道德行为间的关系。究其原因，一方面可能是由于模拟行为研究的样本数量较少造成的。仅有30个配对数据，不足以支撑检验变量间的关系。另一方面也可能是由于他评问卷的测量质量造成的。班干部在给每个同学评价的时候，可能更多的是依其对该同学的熟悉程度或关系远近来评判，而忽略了评价的情境性。从他评问卷的作答上可以看出，男性班长对女性同学的整体评价分值偏低，而女性团书和女性学委对女同学的道德行为评价值均高于男同学。这使本部分的研究未能证实道德意图与道德行为间的关系。

而根据理性行为理论和计划行为理论（Ajzen, 1991; Fishbein & Ajzen, 1975），行为决定于个人的行为意图。在 Kish-Gephart、Harrison 和 Treviño（2010）对道德决策领域105篇实证文献的一项元分析中也曾证实，不道德意图与不道德行为有强劲的相关性，因而统称为"不道德选择"；而行为伦理研究中，道德意图与道德行为的一致性，也证实了可以将道德意图作为道德行为的替代变量来使用。因此，我们虽然没能取得保险营销员的实际道德行为评价的值，但可由道德意图与道德行为的关系推断，保险营销员的商业道德敏感性越高，其道德行为的意图越强，越有可能做出道德的决策行为。

在 O'Fallon 和 Butterfield（2005）及 Craft（2013）对道德决策的

研究综述中还发现，道德决策实证研究近20年来，迄今为止还没有一篇单独的实证研究来检验Rest（1986）的四成分模型，忽视了道德决策过程本身的研究，而关注于影响因素的研究。已有实证研究都是将该模型作为预设的理论模型，在其基础之上检验具体的个人层面、组织层面及道德问题强度变量对决策模型的影响作用。这可能是由于道德决策的情境性所造成的，各职业领域内涉及道德决策的问题存在较大差异性，具体的道德决策行为也不尽相同。即使从一般心理学角度来研究道德决策过程，也是在预设的道德情境中检验道德决策各成分间的关系，因而对四成分模型本身的复杂关系检验还应深入地进行。或者期待新的道德决策理论的构建，从理论和实证上来推进道德决策研究的向前发展。

综上所述，本部分研究以275名保险营销员及30名保险专业大学生为样本，运用相关分析、回归分析等定量分析方法探讨了保险营销员的倾向性/情境性道德敏感性对其道德决策的影响。得出以下主要结论：

（1）保险营销员的情境性道德敏感性与其倾向性商业道德敏感性有显著的正相关关系。

（2）保险营销员的倾向性商业道德敏感性对其道德判断有显著的正向影响。

（3）保险营销员的情境性道德敏感性对其道德判断有显著的负向影响。

（4）保险营销员的倾向性/情境性道德敏感性对其道德意图有显著的正向影响。

（5）保险营销员的道德判断对其道德意图有显著的正向影响。

（6）保险营销员的道德判断在其倾向性商业道德敏感性与道德意图之间具有部分中介效应，在情境性道德敏感性与道德意图之间具有遮掩效应。

（7）保险营销员的道德意图对其道德行为有显著正向影响的假设在模拟行为研究中未能得到证实。

综上所述，假设结果如表6-11所示：

6 保险营销员的商业道德敏感性对道德决策的影响

表 6-11 本章研究假设结果小结

假设	假设内容	结果
H6-1	保险营销员的商业道德敏感性正向显著影响其道德判断	部分支持
H6-2	保险营销员的商业道德敏感性正向显著影响其道德意图	支持
H6-3	保险营销员的道德判断对其道德意图有显著正向影响	支持
H6-4	保险营销员的道德判断在其道德敏感性与道德意图之间起中介作用	部分支持
H6-5	保险营销员的道德意图对其道德行为有显著正向影响	不支持

7 研究结论与展望

7.1 研究结果的总讨论

本书针对保险行业,通过对保险营销员工作中常见道德问题的分析,将商业道德敏感性界定为员工对工作情境中蕴含的道德元素的领悟和解释能力,即能敏感地认识到"这是个道德问题";并基于利益相关者理论,通过文献分析和实证研究,探明了保险营销员商业道德敏感性包含对欺瞒公司、侵犯客户、虚假信息和人身攻击问题的道德敏感性的一阶四因子结构,为深入研究保险行业中的道德决策提供了坚实的基础。

在确定了保险营销员商业道德敏感性的内容结构后,对其前因变量的研究就显得尤为重要。特别是各层面影响因素的交互作用及影响路径,成为了第4章和第5章的重点研究内容。

首先,作为个人层面最根本的道德哲学的道德取向,理想主义道德取向的个体由于关注于他人的福利,强调避免带来伤害,因而在追求想要的结果时,能敏感发现并采取避免对他人造成伤害和牺牲的行动与决策,这使理想主义道德取向对保险营销员的商业道德敏感性产生直接的显著正向影响;而相对主义道德取向的高低反映了个体对普世道德规范的拒绝或接受程度,当面对不同的问题情境时,个体可能采取不同的决策、态度和行为,因而相对主义通过与问题道德强度的交互作用对保险营销员的商业道德敏感性产生显著的影响。

其次,由移情作用在问题的道德强度对保险营销员的商业道德敏感性的影响中具有完全中介作用的结果可知，问题的道德强度会通过影响个体的移情作用对保险营销员的商业道德敏感性产生影响。当问题的道德强度较高时，更能激发保险营销员的换位思考和情绪感染。而保险营销员越是能站在对方的角度，设身处地地考虑问题，他的商业道德敏感性就越高；越是能够对他人的处境感同身受，就越是具有较高的商业道德敏感性。

除了个人层面的影响因素外，组织成员的行为离不开所处的组织环境，而组织伦理氛围是组织伦理环境的体现。组织的伦理氛围向保险营销员传递关于组织伦理的价值观、期望、要求、回报等方面的信息，员工会根据身处的组织伦理氛围，调整实际工作中的伦理感知和判断。组织伦理氛围在伦理型领导与保险营销员商业道德敏感性之间起中介作用的结果表明，组织中领导者的德性水平越高，越能通过正式或非正式的渠道引导构建积极的组织伦理氛围，保险营销员越能明确地感知到日常工作中蕴含的道德问题，进而影响他们的职业道德行为。

此外，问题的道德强度在伦理氛围对保险营销员的商业道德敏感性的影响中起调节作用的结果表明，在道德问题客观存在的情况下，组织的管理者更应从伦理氛围的培养和构建上着力，使保险营销员在积极良好的组织氛围中，耳濡目染地受到潜移默化的影响，提高自身对道德问题的敏感性水平，进而做出道德决策的行为。

由于道德决策四个成分之间存在复杂的反馈环路以及相互作用，因而在第 7 章的研究中，就深入探讨了保险营销员道德决策的第一个心理成分——商业道德敏感性对道德判断及道德意图的影响作用，即分别验证了倾向性和情境性道德敏感性与道德判断、道德意图间的关系路径。

在采用了道德决策领域中广泛应用的情境（Scenario）研究法后发现，保险营销员的情境性道德敏感性与其倾向性商业道德敏感性有显著的相关性，说明两者存在较好的内在一致性。保险营销员的道德判断在倾向性商业道德敏感性与道德意图之间起中介作用，在情境性道德敏感性与道德意图之间起遮掩作用。特别是在单独的因果关系检验中发现，倾向性商业道德敏感性对道德判断具有显著正向影响，而情境性道德敏感性对道德判断具有显著负向影响。这可能是由于道德决策的情境性所造成的，不同情境涉及道德决策的问题存在较大差异性，具体的道德决策行为也不尽相同，情境在道德敏感性对道德判断的影响中起到了显著的调节作用。道德决策四个成分在过程上虽在理论上具有较明显的逻辑顺序，但它们在现实中的复杂内部联系，还需要更多深入的研究或引入新的理论来解释。情境的重要影响作用，也还需要进一步地研究和探讨。

不管是倾向性商业道德敏感性还是情境性道德敏感性，它们对道德意图都有显著的正向影响，这样的结果给我们企业实践更多的启示，保险营销员越是能敏锐地觉察到工作情境中蕴含的道德问题，其越具有做出道德行为的意图。而鉴于道德意图与道德行为的一致性，我们可以推断，提高保险营销员的商业道德敏感性，也可达到减少其道德失范行为的目的，进而提高整个保险行业的商业伦理水平。

虽然在最后的模拟行为研究中，道德意图与道德行为的相关关系未能得到验证，但究其原因还在于研究的被试是保险专业的学生，作为保险营销员的替代样本，其受教育程度、年龄、工作经验等都与实际保险营销员存在较大差距，特别是受教育程度对保险营销员商业道德敏感性的显著影响在影响因素研究中也得到了证实。此外，样本数据较少也是造成该研究结果不显著的原因。他评测量的时候，三个评价者更多地从"群己关系"的角度来评判而忽略了情境性也是造成该研究结果不显著的原因之一。

还有一点需要特别指出的是，我国已有的道德敏感性实证研究中，部分或全部使用了学生样本。这与国外道德决策的研究中广泛使用学生样本是一致的，如1996~2003年，40%的实证研究都全部或部分运用了学生样本（O'Fallon & Butterfield，2005）。鉴于现有国内外研究的不足，本书对保险营销人员在组织情境中的商业道德敏感性展开探讨时没有采用学生样本，而是以保险公司一线员工——保险营销员为被试来进行。这就使开发的量表及研究的结果更贴合保险公司的实际工作情境，为其人力资源管理及道德决策等工作提供了可操作性工具。

7.2 主要结论

本书首先对当前我国保险营销员的商业道德敏感性内容结构进行了研究，进而对影响保险营销员商业道德敏感性的个人因素、组织因素及问题的道德强度的交互作用进行了系统的探讨和分析，最后检验了保险营销员的道德敏感性对其道德决策的影响作用，得出如下主要结论：

（1）通过文献查阅、开放式问卷、深入访谈、专家鉴定等定性研究方法，并通过项目分析、相关系数法、因子分析法及建构效度等定量研究方法，最终确定了保险营销员商业道德敏感性的内容结构，包含与欺瞒公司、侵犯客户、虚假信息和人身攻击相关的四个维度内容，共15个题项。经检验，开发的量表具有较好的信度与效度指标，为我国保险营销员商业道德敏感性的评价与研究工作提供了有效与可靠的工具。

（2）在个人因素与问题的道德强度对保险营销员商业道德敏感性的交互影响研究中，得出：道德取向的两个维度中，理想主义和相对主义道德取向都对保险营销员的商业道德敏感性具有显著正向影响，但理想主义道德取向是直接的影响作用，而相对主义道德取向通过与问题道德强度的交互作用对保险营销员的商业道德敏感性产生影响；问题的道德强度对保险营销员的商业道德敏感性具有显著正向影响；移情作用正向显著影响保险营销员的商业道德敏感性，其中一个维度——换位思考对保险营销员的商业道德敏感性具有显著正向影响，另一个维度——情绪感染也显著正向影响保险营销员的商业道德敏感性；问题的道德强度对保险营销员的移情作用具有正向的显著影响；移情作用在问题的道德强度对保险营销员的商业道德敏感性的影响中具有完全中介作用。此外，人口统计学变量中，保险营销员的性别对商业道德敏感性有显著的影响，且女性保险营销员的商业道德敏感性显著高于男性。受教育程度对商业道德敏感性有显著的正向影响。其他控制变量——年龄、行业内工作年限和工作性质对保险营销员的商业道德敏感性没有显著的影响。

另外,过度宣称(Overclaiming)对商业道德敏感性有显著正向的影响。

(3)在组织因素与问题的道德强度对保险营销员商业道德敏感性的交互影响研究中,得出:组织的伦理型领导对保险营销员的商业道德敏感性有显著正向影响;组织的伦理氛围对保险营销员的商业道德敏感性有显著正向影响;组织的伦理型领导对伦理氛围有显著正向影响;组织的伦理氛围在伦理型领导对保险营销员商业道德敏感性的影响中具有部分中介作用。此外,再次验证了道德强度对保险营销员商业道德敏感性的显著正向影响,并且问题的道德强度在伦理氛围对保险营销员商业道德敏感性的影响中起调节作用。

(4)在保险营销员商业道德敏感性对其道德决策的影响研究中,得出:保险营销员的情境性道德敏感性与其倾向性商业道德敏感性有显著的正相关关系;无论是倾向性商业道德敏感性还是情境性道德敏感性,对情境中的道德意图都有显著的正向影响,道德判断对道德意图也具有显著的正向影响。但是倾向性商业道德敏感性对道德判断具有显著的正向影响,而情境性道德敏感性对道德判断具有显著的负向影响。道德判断在倾向性商业道德敏感性与道德意图之间起部分中介作用,在情境性道德敏感性与道德意图之间具有遮掩效应。道德意图与道德行为间的关系假设也未能得到验证。

7.3 研究的创新点与不足

7.3.1 研究的创新点

国内道德敏感性的定量研究刚刚起步,对我国企业员工道德敏感性的系统定量研究几乎没有。本书以我国保险营销员为对象,在论证保险营销员商业道德敏感性的内容结构的基础上,探讨了其影响因素及其对道德决策的影响。主要创新点如下:

(1)本书探索了我国保险营销员商业道德敏感性的内容结构,并针对此设计和开发出相对全面的、符合心理测量的、可操作化的有效量表，填补了保险行业道德决策研究领域的一项空白，为保险营销员商业道德敏感性的测评提供了基础的理论工具。已有量表以西方价值观体系为依据，且均以一般企业员工为样本编制，而基于中国保险营销员的道德敏感性量表几乎没有。本书最终确定的保险营销员商业道德敏感性包含与欺瞒公司、侵犯客户、虚假信息和人身攻击相关的四个维度内容，且量表信度与效度较好，是一个有效的测量工具。已有其他职业领域研究中，道德敏感性的维度只限于对个人、组织或法律制度几个方面问题的敏感性，而本书发现了虚假信息这个新的维度，使道德敏感性的内容结构更加完善。

（2）本书拓展了道德敏感性的影响因素研究，突破了以往研究只关注个别的、孤立的因素对道德敏感性直接影响的局限，通过定量分析建立了保险营销员不同层面影响因素的交互作用路径模型，得出个体因素中的道德取向、移情作用，组织因素中的伦理型领导、伦理氛围及问题道德强度的交互作用影响商业道德敏感性的结论，推进了道德敏感性影响因素交互作用的研究。

（3）本书突破了传统研究只关注情境性道德决策过程，而忽略了倾向性商业道德敏感性与情境性道德敏感性的内在关系的局限，开展了国内第一项有关保险营销员倾向性/情境性道德敏感性对道德决策影响的对比研究，得出情境是重要的外部制约的结论，并且拓展了道德决策的研究领域范围，丰富了道德决策的实证研究结果。

7.3.2 研究的局限性

总体上看，由于本书是国内对保险营销员商业道德敏感性问题开展的起步性研究，研究内容和方法涉及管理学、心理学、伦理学及营销学等多门学科领域，加上研究者的研究水平以及研究条件的限制，因此本书存在着如下局限性：

从研究方法和手段来看，首先，由于所有研究收集的数据都来源于河北省下辖地市及县级的保险营销人员，对外省市及其他公司，特别是外资保险公司的营销员并未涉及,因此样本可能不够全面。其次,调查的内容都是工作中的不道德行为描述,问题描述比较敏感,在问卷调查中被调查者有顾虑,社会称许性可能会较高。虽然测试问卷中加入了降低社会称许性的反向题项,但是在实际测量结果中,反映社会称许性的过度宣称变量一直对道德敏感性及道德决策过程有显著的影响。最后,本书是采用自我报告的问卷形式进行调查,因此存在同源方差问题。自我报告是个体自身的商业道德敏感性的最有效来源,但伦理型领导、组织伦理氛围也都采用了员工主观感知的测量形式,可能缺乏一定的客观性。

从研究内容来看,尽管围绕着保险营销员商业道德敏感性的结构、影响因素及对道德决策的影响机制开展了多项分研究,但这种探索还不够深入,涉及的影响因素也不够全面,特别是在道德敏感性对道德决策的影响机制研究中,只探讨了道德敏感性、道德判断与道德意图之间的关系,并未探讨个人层面、组织层面及问题的道德强度的相互作用对道德决策过程的影响。另外,本书原计划采用领导和同事他评形式来测量保险营销员的实际道德行为,进而检验保险营销员的完整的道德决策四成分模型,但由于实际施测时难度较大而未能进行,虽然采用替代样本的模拟行为研究,但是结果并不理想。

7.4 管理建议

虽然本书存有一定的局限性,但是道德敏感性作为道德行为产生过程中逻辑上的初始心理成分,对研究保险营销员道德决策有着关键性的作用,本书为我国保险公司的管理实践起到了积极的促进作用。

7.4.1 人力资源管理建议

首先,在对保险营销员的招聘过程中,可以应用该量表测试应聘者的商业道德敏感性,甄选出有较高道德敏感性的个体,从源头上把好关，提高保险公司的进入壁垒。以前的"人海战术"要逐步向"精英战略"转变，使代表着保险公司形象的保险营销员能敏锐地发现日常工作中的不道德问题，以提高业务品质，减少不道德行为的发生，重塑行业良好形象。

其次，现阶段保险公司考核营销员时，只将其业务量作为考核关键指标，虽然有些公司将道德品行写入考核办法，却不予以执行（傅莹，2011）。因此，应该在今后的保险营销员考核中，加入商业道德敏感性的测评。对优秀的保险营销员进行表彰，通过考核和社会舆论，强化保险营销员的道德行为意识，进而约束营销人员恪守职业道德规范守则，规范展业行为。

最后，众多基于行为规范的道德敏感性研究表明，道德敏感性是一种可以发展的能力，并且道德规范教育、职业规范教育都能提高个体的道德敏感性水平。因而，在保险营销员的培训过程中，也可以使用该量表检验教育培训对其商业道德敏感性的影响作用，进而有针对性地优化培训内容，起到防微杜渐的作用。此外，还可以在保险营销员的入职培训及晋升培训中，加入移情的培训内容，培养员工的换位思考和情绪感染能力，使其在人际沟通中能自觉地站在对方角度看问题，对对方的感觉感同身受，进而提高其商业道德敏感性水平，减少或消除对不道德问题视而不见的现象，从源头上保证其道德决策行为的产生。

7.4.2 组织管理建议

保险企业的管理者要从自身做起，树立良好的企业伦理典范，发挥模范人物的示范作用。企业中榜样的力量是无穷的，价值观往往会通过企业中的领导或者模范人物的行为体现并逐渐强化。重要人物的言传身教对员工所起的作用往往更甚于直接的权威命令。特别是在我国当前激烈的保险行业竞争中，一些保险公司的晋升机制不够完善，而主要以增员人数和个人业绩来决定。在这种情况下，如果存在道德失范的保险营销员晋升为业务主任乃至业务经理，在其所管理的业务组内就会形成示范效应，对其增员的营销员的道德决策，特别是道德敏感性产生重要影响。所以，保险企业可以通过树立企业伦理典范来逐步推行组织的伦理价值观。同时管理者还要大力鼓励和支持道德的营销行为，对不道德的行为要严格惩罚，对道德的行为要予以奖励。这样通过管理者的自身示范和对道德行为的支持，企业可逐步提高保险营销员的道德敏感性，最终实现企业的伦理管理。

此外，保险企业要积极构建和维持良好的伦理氛围。为了塑造良好的伦理氛围，企业需要加强对组织整体文化的建设，以支撑伦理氛围在企业内部的良好运行，着力建造诚信的组织文化及相应体制，更加关注营销对象的需求和期望，更加关注个人利益、企业利益和社会利益的协调，宣扬和贯彻"顾客是上帝""真诚到永远"等理念，积极引导保险营销人员与保险客户建立相互信任的和谐关系（陈璟菁，2006）。

虽然国内各大保险公司每年都出台企业社会责任报告，但是很多企业尚未在企业内部开展持久有效的道德建设工作。这种状况很容易导致企业员工道德选择的短期随意性，并导致一些不道德行为的发生。因此，国内保险企业可以借鉴外国大公司设立伦理主管或专门的伦理委员会的做法，设置符合企业自身发展的伦理主管和伦理委员会，以加强对保险企业员工营销道德行为的规范和管制。从文化软约束到制度硬管理，双管齐下，提升保险企业的组织文化与伦理氛围。

7.5 未来的研究方向

本书对保险营销员商业道德敏感性进行了内容结构分析，并探究了其某些影响因素及其对道德决策的影响，但还是比较初步的，未来的商业道德敏感性研究可以从以下几个方面展开：

（1）多变量综合模型的检验。未来研究可以专注检验个人因素、组织因素、问题的道德强度同时交互作用于道德决策的四成分模型，进一步检验和完善保险营销员道德决策模型。特别是组织因素中，组织奖惩制度、组织规范等变量还需要更深入地研究。

（2）纵向研究的开展。现有研究中，只测量了当前的教育水平对道德敏感性的影响作用是显著的，在未来的研究中，可以通过跨时间段的纵向研究来考察教育培训对培育或提高保险营销员道德敏感性的干预影响作用。并且，伦理型领导、伦理氛围对员工道德敏感性的影响是长期的潜移默化的过程，在未来研究中，也可采取纵向研究的方式使变量间的影响关系及路径更为清晰。

（3）跨层次研究的进行。本书仅从企业层面考察了个人因素、组织因素和问题道德强度对保险营销员商业道德敏感性的交互作用影响，未来的研究还可以探讨宏观经济环境和社会环境对保险营销员道德敏感性的影响。每个国家都有自己的传统和文化背景，这些宏观因素是否会对保险营销员的道德敏感性产生影响以及如何影响，特别是如何与组织因素及个人因素交互作用都可以作为未来研究中很好的主题。

（4）跨学科多种研究方法的使用。保险营销员的商业道德敏感性同时包含情感和认知成分，未来研究中可以引入心理学的实验研究方法来深入研究这一概念的心理过程。此外，对商业伦理研究采用自评问卷的形式社会称许性较高，未来研究可以采取对访谈内容或企业社会责任报告进行质化研究的方式，透过描述问题的表象，萃取潜在的道德内涵，揭示其道德决策的复杂关系。

我们有理由相信，随着研究者对道德敏感性问题的关注，道德敏感性研究乃至道德决策的研究将取得更多的成果，推动企业道德决策的发展，促进社会主义道德建设，提高全社会的道德水平。

参考文献

Abdolmohammadi, M. H., Owhoso, V. D. Auditors'e thical sensitivity and the assessment of the likelihood of fraud. *Managerial Finance*, 2000, 26 (11): 21-32.

Abdou, H. A., Baddar, F., Alkorashy, H. A. The relationship between work environment and moral sensitivity among the nursing faculty assistants. *World Applied Sciences Journal*, 2010, 11 (11): 1375-1387.

Ajzen, I. The theory of planned behavior. *Organizational Behavior and Human Decision Processes*, 1991, 50 (2): 179-211.

Akabayashi, A., Slingsby, B. T., Kai, I., Nishimura, T., Yamagishi, A. The development of a brief and objective method for evaluating moral sensitivity and reasoning in medical students. *BMC Medical Ethics*, 2004, 5 (1): E1.

Al-Kazemi, A. A., Zajac, G. Ethics sensitivity and awareness within organizations in Kuwait: An empirical exploration of espoused theory and theory-in-use. *Journal of Business Ethics*, 1999, 20 (4): 353-361.

Alexander, C. S., Becket, H. S. The use of vignettes in survey research. *Public Opinion Quarterly*, 1978, 42 (1): 93-104.

Ameen, E., Guffey, D., McMillan, J. Gender differences in determining the ethical sensitivity of future accounting professionals. *Journal of Business Ethics*, 1996, 15 (5): 591-597.

Amirshahi, M., Shirazi, M., Ghavami, S. The relationship between salespersons' ethical philosophy and their ethical decision-making process. *Asian Journal of Business Ethics*, 2014, 3 (1): 11-33.

参考文献

Armstrong, R. The relationship between culture and perception of ethical problems in international marketing. *Journal of Business Ethics*, 1996, 15 (11): 1199-1208.

Baab, A., Bebeau, M. J. The effect of instruction on ethical sensitivity. *Journal of Dental Education*, 1990, 54 (1): 44.

Bandura, A. *Social learning theory*. Oxford, England: Prentice-Hall, 1997.

Barber, B. *The logic and limits of trust*. New Jersey: Rutgers University Press, 1983.

Barnett, T. Dimensions of moral intensity and ethical decision making: An empirical study. *Journal of Applied Social Psychology*, 2001, 31 (5): 1038-1057.

Barnett, T., Bass, K., Brown, G., Hebert, F. J. Ethical ideology and the ethical judgments of marketing professionals. *Journal of Business Ethics*, 1998, 17 (7): 715-723.

Baron, R. M., Kenny, D. A. The moderator-mediator variable distinction in social psychological research: Conceptual, strategic, and statistical considerations. *Journal of personality and social psychology*, 1986, 51 (6): 1173-1182.

Bebeau, M. J. The defining issues test and the four component model: Contributions to professional education. *Journal of Moral Education*, 2002, 31 (3): 271-295.

Bebeau, M. J., Rest, J., Yamoor, C. M. Measuring dental students' ethical sensitivity. *Journal of Dental Education*, 1985, 49 (4): 225-235.

Bebeau, M. J., Brabeck, M. M. Integrating care and justice issues in professional moral education: A gender perspective. *Journal of Moral Education*, 1987, 16 (3): 189-203.

Bebeau, M. J., Rest, J. R. *The dental ethical sensitivity test*. Center for the Study of Ethical Development, University of Minnesota, 1982.

Bebeau, M., Rest, J. R., Yamoor, C. *Assessing student sensitivity to ethical issues in professional problems*. Paper presented at the annual meeting of the IADA, New Orleans, LA, 1983.

Bégat, I., Ellefsen, B., Severinsson, E. Nurses' satisfaction with their work environment and the outcomes of clinical nursing supervision on nurses' experiences of well-being-A Norwegian study. *Journal of Nursing Management*, 2005, 13 (3): 221-230.

Bégat, I., Ikeda, N., Amemiya, T., Emiko, K., Iwasaki, A., Severinsson, E. Comparative study of perceptions of work environment and moral sensitivity among Japanese and Norwegian nurses. *Nursing & Health Sciences*, 2004, 6 (3): 193-200.

Bernardi, R. A., Shepherd, C. R., Woodworth, J. L. Gender differences in students' ethical impressions of questionable marketing practices. *International Business & Economics Research Journal (IBER)*, 2011, 1 (9): 29-34.

Betz, M., O'Connell, L., Shepard, J. M. Gender differences in proclivity for unethical behavior. *Journal of Business Ethics*, 1989, 8 (5): 321-324.

Blasi, A. Bridging moral cognition and moral action: A critical review of the literature. *Psychological Bulletin*, 1980, 88 (1): 1-45.

Blodgett, J. G., Lu, L., Rose, G., Vitell, S. Ethical sensitivity to stakeholder interests: A cross-cultural comparison. *Journal of the Academy of Marketing Science*, 2011, 29 (2): 190-202.

Bobek, D., Hageman, A., Radtke, R. *Ethical sensitivity and ethical decision-making of accounting professionals- The role of context and individual attributes*. Paper Presented at the American Accounting Association, 2012.

Bommer, M., Gratto, C., Gravander, J., Tuttle, M. A behavioral model of ethical and unethical decision making. *Journal of Business Ethics*, 1987, 6 (4): 265-280.

Bone, P. F., Corey, R. J. Packaging ethics: Perceptual differences among packaging professionals, brand managers and ethically-interested consumers. *Journal of Business Ethics*, 2000, 24 (3): 199-213.

Boose, M. A., Dean, F. P. Analyzing ethical decision making-applying the Hunt-Vitell model in insurance courses. *Risk Management and Insurance Review*, 2000, 3 (2): 237-249.

Borenstein, J., Drake, M., Kirkman, R., Swann, J. *The test of ethical sensitivity in science and engineering (TESSE): A discipline-specific assessment tool for awareness of ethical issues*. Paper presented at the Annual Conference of American Society for Engineering Education (ASEE), 2008.

Bowler, M., Amato-Henderson, S., Drummer, T., Holles, J., Schreiber, J., Lockhart, T., et al. *Testing for ethical sensitivity to responsible conduct of research among multi-national STEM researchers*. Paper presented at the 2010 Annual Meeting of the American Society for Engineering Education, 2010.

Bowler, M., Amato-Henderson, S., Holles, J., Ren, J., Lockhart, T. W., Schreiber, J. M., et al. *Does a STEM Researcher's role orientation predict his or her ethical sensitivity to responsible conduct of research?* Paper presented at the 2011 Annual Meeting of the American Society for Engineering Education, 2011.

Brabeck, M. M., Rogers, L. A., Sirin, S., Henderson, J., Benvenuto, M., Weaver, M., et al. Increasing ethical sensitivity to racial and gender intolerance in schools: Development of the racial ethical sensitivity test. *Ethics & Behavior*, 2000, 10 (2): 119-137.

Brass, D. J., Butterfield, K. D., Skaggs, B. C. Relationships and unethical behavior: A social network perspective. *Academy of Management Review*, 1998, 23 (1): 14-31.

Brown, M. E., Treviño, L. K., Harrison, D. A. Ethical leadership: A social learning perspective for construct development and testing. *Organizational Behavior and Human Decision Processes*, 2005, 97 (2): 117-134.

Brown, M. E., Treviño, L. K. Ethical leadership: A review and future directions. *The Leadership Quarterly*, 2006, 17 (6): 595-616.

Butterfield, K. D., Trevin, L. K., Weaver, G. R. Moral awareness in business organizations: Influences of issue-related and social context factors. *Human Relations*, 2000, 53 (7): 981-1018.

Butterfield, K. D., Trevino, L. K., Weaver, G. R. *Moral awareness in organizations: A socialization perspective.* Paper presented at the Academy of Management Proceedings, 1996.

Byrd, L. M. *Development of an instrument to identify the virtues of expert nursing practice: Byrd's Nurses Ethical Sensitivity Test (Byrd's NEST).* Unpublished doctorial dissertation, The University of Southern Mississippi, 2006.

Callanan, G. A., Rotenberry, P. F., Perri, D. F., Oehlers, P. Contextual factors as moderators of the effect of employee ethical ideology on ethical decision-making. *International Journal of Management*, 2010, 27 (1): 52-75.

Cardy, R. L., Selvarajan, T. T. *Assessing ethical behavior: Development of a behaviorally anchored rating scale.* Paper presented at the Paper submitted to the HR Division of the 47th Midwest Academy of Management Meeting, 2004.

Çetin, M., Cimen, M. Assessing a group of physicians' ethical sensitivity in Turkey. *Iranian Journal of Public Health*, 2011, 40 (3): 89-97.

Chan, A. W. H., Cheung, H. Y. Cultural dimensions, ethical sensitivity, and corporate governance. *Journal of Business Ethics*, 2012, 110 (1): 45-59.

Chan, S. Y. S., Leung, P. The effects of accounting students' ethical reasoning and personal factors on their ethical sensitivity. *Managerial Auditing Journal*, 2006, 21 (4): 436-457.

Chen, A. S., Sawyers, R., Williams, P. Reinforcing ethical decision making through corporate culture. *Journal of Business Ethics*, 1997, 16 (8): 855-865.

Chia, A., Mee, L. S. The effects of issue characteristics on the recognition of moral issues. *Journal of Business Ethics*, 2000, 27 (3): 255-269.

Chiu, D., Krieger, D., Villar-Cordova, C., Kasner, S. E., Morgenstern, L. B., Bratina, P. L., et al. Intravenous tissue plasminogen activator for acute ischemic stroke feasibility, safety, and efficacy in the first year of clinical practice. *Stroke*, 1998, 29 (1): 18-22.

Choi, D. L. *Ethical sensitivity and public service motivation*. Paper presented at the International Public Service Motivation, 2009.

Choi, D. L., Perry, J. L. Developing a tool to measure ethical sensitivity in public administration and its application. *International Review of Public Administration*, 2010, 14 (3): 1-12.

Chonko, L. B., Hunt, S. D. Ethics and marketing management: An empirical examination. *Journal of Business Research*, 1985, 13 (4): 339-359.

Christie, R., Geis, F. L., Berger, D. *Studies in Machiavellianism*. New York: Academic Press, 1970.

Clarkeburn, H. A test for ethical sensitivity in science. *Journal of Moral Education*, 2002, 31 (4): 439-453.

Cohen, J. R., Pant, L. W., Sharp, D. J. A methodological note on cross-cultural accounting ethics research. *The International Journal of Accounting*, 1996, 31 (1): 55-66.

Cohen, J. R., Pant, L. W., Sharp, D. J. The effect of gender and academic discipline diversity on the ethical evaluations, ethical intentions, and ethical orientation of potential public accounting recruits. *Accounting Horizons*, 1998, 12 (3): 250-270.

Cohen, J. R., Pant, L. W., Sharp, D. J. An examination of differences in ethical decision-making between Canadian business students and accounting professionals. *Journal of Business Ethics*, 2001, 30 (4): 319-336.

Cohen, J., Cohen, P., West, S. G., Aiken, L. S. *Applied multiple regression/correlation analysis for the behavioral sciences*. Mahwah, NJ, US: Lawrence Erlbaum Associates Publishers, 2003.

Collins, D. The quest to improve the human condition: The first 1500 articles published in Journal of Business Ethics. *Journal of Business Ethics*, 2000, 26 (1): 1-73.

Conroy, S. J., Emerson, T. L. N. Business ethics and religion: Religiosity as a predictor of ethical awareness among students. *Journal of Business Ethics*, 2004, 50 (4): 383-396.

Constable, E. G., Kreider, T. B., Smith, T. F., Taylor, Z. R. The confidentiality of a confession: A counseling intern's ethical dilemma. Retrieved From http://counselingoutfitters.com/ vistas/vistas11/ Article_37. pdf, 2001.

Craft, J. L. A review of the empirical ethical decision-making literature: 2004-2011. *Journal of Business Ethics*, 2013, 117 (2): 221-259.

Davis, M. A., Andersen, M. G., Curtis, M. B. Measuring ethical ideology in business ethics: A critical analysis of the ethics position questionnaire. *Journal of Business Ethics*, 2001, 32 (1): 35-53.

Denise, M. P. Causal effects of regulatory, organizational and personal factors on ethical sensitivity. *Journal of Business Ethics*, 2001, 30 (2): 123-159.

Deshpande, S. P. Ethical climate and the link between success and ethical behavior: An empirical investigation of a non-profit organization. *Journal of Business Ethics*, 1996, 15 (3): 315-320.

Deshpande, S. P. Managers' perception of proper ethical conduct: The effect of sex, age, and level of education. *Journal of Business Ethics*, 1997, 16 (1): 79-85.

Dickson, M. W., Smith, D. B., Grojean, M. W., Ehrhart, M. An organizational climate regarding ethics: The outcome of leader values and the practices that reflect them. *The Leadership Quarterly*, 2001, 12 (2): 197-217.

Dotger, B. H. "I had no idea": Developing dispositional awareness and sensitivity through a cross-professional pedagogy. *Teaching and Teacher Education*, 2010, 26 (4): 805-812.

Dubinsky, A. J., Berkowitz, E. N., Rudelilus, W. Ethical problems in field sales personnel. *MSU Business Topics*, 1980 (28): 11-16.

Eastman, K. L., Eastman, J. K., Eastman, A. D. The ethics of insurance professionals: Comparison of personal versus professional ethics. *Journal of Business Ethics*, 1996, 15 (9): 951-962.

Eisenberg, N. Emotion, regulation, and moral development. *Annual review of psychology*, 2000, 51 (1): 665-697.

Epstein, E. The corporate social policy process: Beyond business ethics, corporate social responsibility, and corporate social responsiveness. *California Management Review*, 1987, 29 (3): 99-114.

Erffmeyer, R. C., Keillor, B. D., LeClair, D. T. An empirical investigation of Japanese consumer ethics. *Journal of Business Ethics*, 1999, 18 (1): 35-50.

Ersoy, N., Goz, F. The ethical sensitivity of nurses in Turkey. *Nursing Ethics*, 2001, 8 (4): 299-312.

Ersoy, N., Gundogmus, U. N. A study of the ethical sensitivity of physicians in Turkey. *Nursing Ethics*, 2003, 10 (5): 472-484.

Erwin, W. J. Supervisor moral sensitivity. *Counselor Education and Supervision*, 2000, 40 (2): 115-127.

Fernando, M., Chowdhury, R. M. I. The relationship between spiritual well-being and ethical orientations in decision making: An empirical study with business executives in Australia. *Journal of Business Ethics*, 2010, 95 (2): 211-225.

Ferrell, O. C., Gresham, L. G. A contingency framework for understanding ethical decision making in marketing. *The Journal of Marketing*, 1985, 49 (3): 87-96.

Ferrell, O. C., Gresham, L. G., Fraedrich, J. A synthesis of ethical decision models for marketing. *Journal of Macromarketing*, 1989, 9 (2): 55-64.

Fishbein, M., Ajzen, I. *Belief, attitude, intention and behavior: An introduction to theory and research*. Reading, MA: Addison-Wesley, 1975.

Flannery, B. L., May, D. R. Environmental ethical decision making in the US metal-finishing industry. *Academy of Management Journal*, 2000, 43

(4): 642-662.

Fleischman, G., Valentine, S. Professionals' tax liability assessments and ethical evaluations in an equitable relief innocent spouse case. *Journal of Business Ethics*, 2003, 42 (1): 27-44.

Fleming, A. I. M. Ethical sensitivity of British accountants: An intra-profession comparison. *Business Ethics: A European Review*, 1995, 4 (3): 166-170.

Fornell, C., Larcker, D. F. Evaluating structural equation models with unobservable variables and measurement error. *Journal of Marketing Research*, 1981, 18 (1): 39-50.

Forsyth, D. R. A taxonomy of ethical ideologies. *Journal of Personality and Social Psychology*, 1980, 39 (1): 175-184.

Forsyth, D. R. Moral judgment: The influence of ethical ideology. *Personality and Social Psychology Bulletin*, 1981, 7 (2): 218-223.

Forsyth, D. R. Individual differences in information integration during moral judgment. *Journal of Personality and Social Psychology*, 1985, 49 (1): 264-272.

Forsyth, D. R. Judging the morality of business practices: The influence of personal moral philosophies. *Journal of Business Ethics*, 1992, 11 (5-6): 461-470.

Forsyth, D. R., Nye, J. L., Kelley, K. Idealism, relativism, and the ethic of caring. *The Journal of Psychology*, 1988, 122 (3): 243-248.

Frey, B. F. The impact of moral intensity on decision making in a business context. *Journal of Business Ethics*, 2000, 26 (3): 181-195.

Gautschi, F. H., Jones, T. M. Enhancing the ability of business students to recognize ethical issues: An empirical assessment of the effectiveness of a course in business ethics. *Journal of Business Ethics*, 1998, 17 (2): 205-216.

González-de Paz, L., Kostov, B., Sisó-Almirall, A., Zabalegui-Yárnoz, A. A Rasch analysis of nurses' ethical sensitivity to the norms of the code of conduct. *Journal of Clinical Nursing*, 2012, 21 (19pt20): 2747-2760.

Grojean, M. W., Resick, C. J., Dickson, M. W., Smith, D. B. Leaders, values, and organizational climate: Examining leadership strategies for establishing an organizational climate regarding ethics. *Journal of Business Ethics*, 2004, 55 (3): 223-241.

Haines, R., Leonard, L. N. Individual characteristics and ethical decision-making in an IT context. *Industrial Management & Data Systems*, 2007, 107 (1): 5-20.

Haines, R., Street, M. D., Haines, D. The influence of perceived importance of an ethical issue on moral judgment, moral obligation, and moral intent. *Journal of Business Ethics*, 2008, 81 (2): 387-399.

Hebert, P. C., Meslin, E. M., Dunn, E. V. Measuring the ethical sensitivity of medical students: A study at the University of Toronto. *Journal of Medical Ethics*, 1992, 18 (3): 142-147.

Hébert, P., Meslin, E. M., Dunn, E. V., Byrne, N., Reid, S. R. Evaluating ethical sensitivity in medical students: Using vignettes as an instrument. *Journal of Medical Ethics*, 1990, 16 (3): 141-145.

Hoffman, K. D., Howe, V., Hardigree, D. W. Ethical dilemmas faced in the selling of complex services: significant others and competitive pressures. *Journal of Personal Selling & Sales Management*, 1996, 11 (4): 13-25.

Hoffman, M. L. *Empathy and moral development: Implications for caring and justice*. United Kingdom: Cambridge University Press, 2001.

Hofstede, G. Cultural dimensions in management and planning. *Asia Pacific Journal of Management*, 1984, 1 (2): 81-99.

Honeycutt Jr, E. D., Glassman, M., Zugelder, M. T., Karande, K. Determinants of ethical behavior: A study of autosalespeople. *Journal of Business Ethics*, 2001, 32 (1): 69-79.

Hughes, R. L., Ginnett, R. C., Curphy, G. J. *Leadership: Enhancing the Lessons of Experience* (5th ed.). New York: McGraw-Hill Education, 2006.

Hunt, S. D., Vitell, S. J. The general theory of marketing ethics: A retrospective and revision. In N. C. Smith & J. A. Quelch (Eds.), *Ethics in Marketing* (pp. 775-784). Homewood, IL: Richard D Irwin, 1993.

Hunt, S. D., Vitell, S. A general theory of marketing ethics. *Journal of Macromarketing*, 1986, 6 (1): 5-16.

Hunter, R. A. *Assessing moral sensitivity in business personnel*. Unpublished doctorial dissertation, Georgia State University, 1997.

Jackson, T. Cultural values and management ethics: A 10-nation study. *Human Relations*, 2001, 54 (10): 1267-1302.

Jaeger, S. M. Teaching health care ethics: The importance of moral sensitivity for moral reasoning. *Nursing Philosophy*, 2001, 2 (2): 131-142.

Jagger, S. Ethical sensitivity: A foundation for moral judgment. *Journal of Business Ethics Education*, 2011, 8 (1): 13-30.

Johari, R. J., Sanusi, Z. M., Rahman, R. A., Omar, N., Alam, U. T. M. K. *Moral intensity and ethical decision-making of auditing profession*. Paper presented at the 6th EARNet Symposium, 2011.

Jones, T. M. Ethical decision making by individuals in organizations: An issue-contingent model. *Academy of Management Review*, 1991, 16 (2): 366-395.

Jung, J. M. *Interactive impact of culture and individual characteristics on ethical decision-making processes, criteria, and judgmental outcomes: A cross-national comparison between South Korea and United States*. Unpublished doctorial dissertation, University of Cincinnati, 2002.

Kahneman, D., Frederick, S. Frames and brains: elicitation and control of response tendencies. *Trends in Cognitive Sciences*, 2007, 11 (2): 45-46.

Karcher, J. Auditors' ability to discern the presence of ethical problems. *Journal of Business Ethics*, 1996, 15 (10): 1033-1050.

Kelley, S. W., Donnelly, J. H., Skinner, S. J. Customer participation in service production and delivery. *Journal of Retailing*, 1990, 66 (3): 315-335.

Key, S. Perceived managerial discretion: An analysis of individual ethical intentions. *Journal of Managerial Issues*, 2002, 14 (2): 218-233.

Kidwell, J., Stevens, R., Bethke, A. Differences in ethical perceptions between male and female managers: Myth or reality? *Journal of Business Ethics*, 1987, 6 (6): 489-493.

Kim, Y. S., Park, J. W., Son, Y. J., Han, S. S. Nurse managers' moral self-concept and ethical sensitivity. *Journal of Korean Academy of Nursing*, 2002, 32 (7): 1072-1078.

Kim, Y., Park, J., You, M., Seo, Y., Han, S. Sensitivity to ethical issues confronted by Korean hospital staff nurses. *Nursing Ethics*, 2005, 12 (6): 595-605.

Kish-Gephart, J. J., Harrison, D. A., Treviño, L. K. Bad apples, bad cases, and bad barrels: Meta-analytic evidence about sources of unethical decisions at work. *Journal of Applied Psychology*, 2010, 95 (1): 1-31.

Kohut, G. F., Corriher, S. E. The relationship of age, gender, experience, and awareness of written ethics policies to business decision making. *SAM Advanced Management Journal*, 1994, 59 (winter): 32-39.

Krebs, D. L., Denton, K. Toward a more pragmatic approach to morality: A critical evaluation of Kohlberg's model. *Psychological Review*, 2005, 112 (3): 629-649.

Kurland, N. B. Trust, accountability, and sales agents' dueling loyalties. *Business Ethics Quarterly*, 1996, 6 (3): 289-310.

Kurtines, W., Greif, E. B. The development of moral thought: Review and evaluation of Kohlberg's approach. *Psychological Bulletin*, 1974, 81 (8): 453.

Kurtulmusoglu, F. B., Uner, M. M. Ethical sensitivity of business students in Turkey: Truth or Myth. *Journal of Education and Vocational Research*, 2011, 2 (3): 93-98.

Kuusisto, E., Tirri, K., Rissanen, I. Finnish teachers' ethical sensitivity. *Education Research International*, 2012: 1-10.

Lam, K., Shi, G., Shi, G. Factors affecting ethical attitudes in mainland China and Hong Kong. *Journal of Business Ethics*, 2008, 77 (4): 463-479.

Lane, M. S., Schaupp, D. Ethics in education: A comparative study. *Journal of Business Ethics*, 1989, 8 (12): 943-949.

Lau, C. L. L. A step forward: Ethics education matters! *Journal of Business Ethics*, 2010, 92 (4): 565-584.

Leibowitz, S. L. *Measuring change in sensitivity to ethical issues in computer use*. Unpublished doctorial dissertation, Boston College, 1990.

Leitsch, D. L. Differences in the perceptions of moral intensity in the moral decision process: An empirical examination of accounting students. *Journal of Business Ethics*, 2004, 53 (3): 313-323.

Leitsch, D. L. Using dimensions of moral intensity to predict ethical decision-making in accounting. *Accounting Education*, 2006, 15 (2): 135-149.

Lending, D., Slaughter, S. A. *Understanding differences in ethical beliefs and behaviors toward software copying: The effects of organization culture*. Paper presented at the Proceedings of the 1999 ACM SIGCPR conference on Computer personnel research, New Orleans, Louisiana, USA, 1999.

Lind, R. A. Ethical sensitivity in viewer evaluations of a TV news investigative report. *Human Communication Research*, 1997, 23 (4): 535-561.

Lind, R. A., Rarick, D. L., Ibrahim, B. *A demonstration of ethical sensitivity assessment in a college media ethics course*. Paper presented at the National Communication Ethics Conference, Gull Lake, MI, 1996.

Lind, R. A., Swenson-Lepper, T., Rarick, D. L. Identifying patterns of ethical sensitivity in TV news viewers: An assessment of some critical viewing skills. *Journal of Broadcasting & Electronic Media*, 1998, 42 (4): 507-519.

Lind, R. A., Rarick, D. L. Assessing ethical sensitivity in television news viewers: A preliminary investigation. *Journal of Mass Media Ethics*,

1995, 10 (2): 69-82.

Lind, R. A., Rarick, D. L. Cognitive maps assess news viewer ethical sensitivity. *Journal of Mass Media Ethics*, 1997, 12 (3): 133-147.

Lind, R. A., Rarick, D. L. Viewer sensitivity to ethical issues in TV coverage of the Clinton-Flowers scandal. *Political Communication*, 1996, 16 (2): 169-181.

Logsdon, J. M., Corzine, J. B. The CEO's psychological characteristics and ethical culture. In M. A. Rahim, R. T. Golembiewski & K. D. Mackenzie (Eds.), *Current Topics in Management*, 1999 (4): 63-79.

Logsdon, J. M., Yuthas, K. Corporate social performance, stakeholder orientation and organizational moral development. *Journal of Business Ethics*, 1997, 16 (12-13): 1213-1226.

Lovecky, D. V. Identity development in gifted children: Moral sensitivity. *Roeper Review*, 1997, 20 (2): 90-94.

Luke, D. A. *Multilevel modeling* (*Vol.* 143). London: SAGE Publications Inc, 2004.

Lützén, K., Johansson, A., Nordström, G. Moral sensitivity: Some differences between nurses and physicians. *Nursing Ethics*, 2000, 7 (6): 520-530.

Maisarah, M. S., Stacey, P., Gordon, W. Does religiosity influence ethical sensitivity? An investigation on Malaysian future accountants. *Malaysian Accounting Review*, 2009, 8 (2): 17-41.

Malloy, D. C., Agarwal, J. Ethical climate in nonprofit organizations: Propositions and implications. *Nonprofit Management and Leadership*, 2001, 12 (1): 39-54.

Marshall, B., Dewe, P. An investigation of the components of moral intensity. *Journal of Business Ethics*, 1997, 16 (5): 521-529.

Marta, J., Heiss, C., Lurgio, S. An exploratory comparison of ethical perceptions of Mexican and U. S. marketers. *Journal of Business Ethics*, 2008, 82 (3): 539-555.

Mathis, C. L. *The effects of graduate business education on ethical sensitivity of managers*. Unpublished doctorial dissertation, Trident University International, 2012.

McBane, D. A. *Understanding customer needs: A reconceptualization of empathy and its effects on sales outcomes*. Unpublished doctoral dissertation, Texas Tech University, 1990.

McMahon, J. M. *An analysis of the factor structure of the multidimensional ethics scale and a perceived moral intensity scale, and the effects of moral intensity on ethical judgment*. Doctor of Philosophy in Psychology doctorial dissertation, Virginia Polytechnic Institute and State University, 2002.

McMahon, J. M., Harvey, R. J. An analysis of the factor structure of Jones' moral intensity construct. *Journal of Business Ethics*, 2006, 64 (4): 381–404.

Miller, K. I., Stiff, J. B., Ellis, B. H. Communication and empathy as precursors to burnout among human service workers. *Communications Monographs*, 1988, 55 (3): 250–265.

Mintz, S. M. Accounting ethics education: Integrating reflective learning and virtue ethics. *Journal of Accounting Education*, 2006, 24 (2): 97–117.

Moon, Y. S., Franke, G. R. Cultural influences on agency practitioners' ethical perceptions: A comparison of Korea and the U. S. *Journal of Advertising*, 2000, 29 (1): 51–65.

Moores, T. T., Chang, J. C. Ethical decision making in software piracy: Initial development and test of a four-component model. *MIS Quarterly*, 2006, 30 (1): 167–180.

Morris, S. A., McDonald, R. A. The role of moral intensity in moral judgments: An empirical investigation. *Journal of Business Ethics*, 1995, 14 (9): 715–726.

Musbah, A., Cowton, C. J., Tyfa, D. The role of individual variables, organizational variables and moral intensity dimensions in Libyan management accountants' ethical decision making. *Journal of Business Ethics*, 2014 (10):

1-24.

Myyry, L., Helkama, K. The role of value priorities and professional ethics training in moral sensitivity. *Journal of Moral Education*, 2002, 31 (1): 35-50.

Nadler, S. S. *Business implications of national culture, religiosity, and ethical sensitivity: A multi-country investigation*. Unpublished doctorial dissertation, University of Alabama, 2002.

Namagembe, S., Ntayi, J. M. Ethical sensitivity, academic dishonesty and career growth of academic staff in institutions of higher learning in Uganda. *International Journal of Economics and Management Sciences*, 2012a, 1 (8): 56-63.

Namagembe, S., Ntayi, J. M. Individual ethical orientations, ethical sensitivity and professional conduct of academic staff in universities in Uganda. *Management*, 2012b, 1 (6): 56-64.

Nara, Y., Iseda, T. Ethics on the internet: A comparative study of Japan, the United States, and Singapore. In A. Feenberg & D. Barney (Eds.), *Community in the Digital Age: Philosophy and Practice*, 2004: 161-179.

Nash, L. L. *Good intentions aside: A manager's guide to resolving ethical problems*. Boston, Mass: Harvard Business School Press, 1990.

Neubert, M. J., Carlson, D. S., Kacmar, K. M., Roberts, J. A., Chonko, L. B. The virtuous influence of ethical leadership behavior: Evidence from the field. *Journal of Business Ethics*, 2009, 90 (2): 157-170.

Neureuther, B. D., Swicegood, P., Williams, P. The efficacy of business ethics courses when coupled with a personal belief system. *Journal of College Teaching & Learning (TLC)*, 2011, 1 (4): 19-22.

Nortvedt, P. Clinical sensitivity: The inseparability of ethical perceptiveness and clinical knowledge. *Research and Theory for Nursing Practice*, 2001, 15 (1): 25-43.

O'Fallon, M. J., Butterfield, K. D. A review of the empirical ethical decision-making literature: 1996-2003. *Journal of Business Ethics*, , 2005, 59 (4): 375-413.

Owhoso, V. Mitigating gender-specific superior ethical sensitivity when assessing likelihood of fraud risk. *Journal of Managerial Issues*, 2002, 14 (3): 360-374.

Ozdogan, F. B. , Eser, Z. Ethical sensitivity of college students in a developing country: Do demographic factors matter? *Journal of Teaching in International Business*, 2007, 19 (1): 83-99.

Pan, Y. , Sparks, J. R. Predictors, consequence, and measurement of ethical judgments: Review and meta-analysis. *Journal of Business Research*, 2012, 65 (1): 84-91.

Paolillo, J. G. , Vitell, S. J. An empirical investigation of the influence of selected personal, organizational and moral intensity factors on ethical decision making. *Journal of Business Ethics*, 2002, 35 (1): 65-74.

Preston, S. D. , de Waal, F. B. Empathy: Its ultimate and proximate bases. *Behavioral and Brain Sciences*, 2002, 25 (1): 1-20.

Randall, D. M. , Fernandes, M. F. The social desirability response bias in ethics research. *Journal of Business Ethics*, 1991, 10 (11): 805-817.

Rawwas, M. Y. A. , Patzer, G. L. , Vitell, S. J. A cross-cultural investigation of the ethical values of consumers: The potential effect of war and civil disruption. *Journal of Business Ethics*, 1998, 17 (4): 435-448.

Rest, J. R. Morality. In P. Mussen (Ed.), *Manual of Child Psychology* (4th Ed). New York: Wiley, 1983.

Rest, J. R. *Moral development: Advances in theory and research*. New York: Praeger, 1986.

Rest, J. R. , Narvaez, D. Background: Theory and research. In *Moral Development in the Professions: Psychology and Applied Ethics* (pp. 1-26). Hillsdale: Lawrence Erlbaum & Associates Inc. , 1994.

Reynolds, S. J. *Identifying ethical issues: The roles of issue characteristics, individual differences, and context in managerial sense making*. Unpublished doctorial dissertation, University of Minnesota, 2002.

Reynolds, S. J. Moral awareness and ethical predispositions: Investigating the role of individual differences in the recognition of moral issues. *Journal of Applied Psychology*, 2006, 91 (1): 233-243.

Robin, D. P., Reidenbach, R. E., Forrest, P. J. The perceived importance of an ethical issue as an influence on the ethical decision-making of ad managers. *Journal of Business Research*, 1996, 35 (1): 17-28.

Ross Jr, W. T., Robertson, D. C. A typology of situational factors: Impact on salesperson decision-making about ethical issues. *Journal of Business Ethics*, 2003, 46 (3): 213-234.

Rottig, D., Koufteros, X., Umphress, E. Formal infrastructure and ethical decision making: An empirical investigation and implications for supply management. *Decision sciences*, 2011, 42 (1): 163-204.

Saat, M. M., Porter, S., Woodbine, G. *A longitudinal study on the impact of ethics course and practical training on the development of ethical sensitivity*. Paper presented at the Accounting & Finance Association of Australia and New Zealand, 2010.

Sadler, T. D. Moral sensitivity and its contribution to the resolution of socio-scientific issues. *Journal of Moral Education*, 2004, 33 (3): 339-358.

Schein, E. H. *Organizational culture and leadership*. San Francisco: Jossey-Bass, 1985.

Schlaefli, A., Rest, J. R., Thoma, S. J. Does moral education improve moral judgment? A meta-analysis of intervention studies using the defining issues test. *Review of Educational Research*, 1985, 55 (3): 319-352.

Schlenker, B. R., Miller, M. L., Johnson, R. M. Moral identity, integrity, and personal responsibility. In D. Narvaez & D. K. Lapsley (Eds.), *Personality, identity, and character: Explorations in moral psychology* (316-340). New York: Cambridge University Press, 2009.

Schminke, M., Ambrose, M. L., Neubaum, D. O. The effect of leader moral development on ethical climate and employee attitudes. *Organizational*

Behavior and Human Decision Processes, 2005, 97 (2): 135-151.

Schminke, M., Ambrose, M. L. Asymmetric perceptions of ethical frameworks of men and women in business and nonbusiness settings. *Journal of Business Ethics*, 1997, 16 (7): 719-729.

Schmitt, M., Gollwitzer, M., Arbach, D. Justice sensitivity: Assessment and location in the personality space. *European Journal of Psychological Assessment*, 2005, 21 (3): 202-211.

Schoderbek, P. P., Deshpande, S. P. Impression management, overclaiming, and perceived unethical conduct: The role of male and female managers. *Journal of Business Ethics*, 1996, 15 (4): 409-414.

Schwartz, S. H. Normative influences on altruism. *Advances in Experimental Social Psychology*, 1997 (10): 221-279.

Shaub, M. K. *An empirical examination of the determinants of auditors' ethical sensitivity*. Unpublished doctorial dissertation, Texas Tech University, 1989.

Shaub, M. K., Finn, D. W., Munter, P. The effects of auditors' ethical orientation on commitment and ethical sensitivity. *Behavioral Research in Accounting*, 1993, 5 (3): 145-169.

Sidani, Y., Zbib, I., Rawwas, M., Moussawer, T. Gender, age, and ethical sensitivity: The case of Lebanese workers. *Gender in Management: An International Journal*, 2009, 24 (3): 211-227.

Silverman, L. K. The moral sensitivity of gifted children and the evolution of society. *Roeper Review*, 1994, 17 (2): 110-116.

Simga-Mugan, C., Daly, B. A., Onkal, D., Kavut, L. The influence of nationality and gender on ethical sensitivity: An application of the issue-contingent model. *Journal of Business Ethics*, 2005, 57 (2): 139-159.

Simga-Mugan, C., Onkal-Atay, D. Contextual effects on ethical sensitivity and penalty judgments: The Turkish case. *Teaching Business Ethics*, 2003, 7 (4): 341-363.

Simonis, J. M. A. *Relationship between music educators' ethical awareness and students' sense of belonging and academic achievement*. Unpublished doctorial dissertation, Bowling Green State University, 2009.

Simpson, P. M., Banerjee, D., Simpson, C. L. Softlifting: A model of motivating factors. *Journal of Business Ethics*, 1994, 13 (6): 431-438.

Sims, R. R. Changing an organization's culture under new leadership. *Journal of Business Ethics*, 2000, 25 (1): 65-78.

Sims, R. R., Brinkman, J. Leaders as moral role models: The case of John Gutfreund at Salomon Brothers. *Journal of Business Ethics*, 2002, 35 (4): 327-339.

Singer, T., Seymour, B., O'Doherty, J. P., Stephan, K. E., Dolan, R. J., Frith, C. D. Empathic neural responses are modulated by the perceived fairness of others. *Nature*, 2006, 439 (7075): 466-469.

Singhapakdi, A. Perceived importance of ethics and ethical decisions in marketing. *Journal of Business Research*, 1999, 45 (1): 89-99.

Singhapakdi, A., Kraft, K. L., Vitell, S. J., Rallapalli, K. C. The perceived importance of ethics and social responsibility on organizational effectiveness: A survey of marketers. *Journal of the Academy of Marketing Science*, 1995, 23 (1): 49-56.

Singhapakdi, A., Rao, C. P., Vitell, S. J. Ethical decision making: An investigation of services marketing professionals. *Journal of Business Ethics*, 1996, 15 (6): 635-644.

Singhapakdi, A., Salyachivin, S., Virakul, B., Veerayangkur, V. Some important factors underlying ethical decision making of managers in Thailand. *Journal of Business Ethics*, 2000, 27 (3): 271-284.

Singhapakdi, A., Vitell, S. J. Marketing ethics: Factors influencing perceptions of ethical problems and alternatives. *Journal of Macromarketing*, 1990, 10 (1): 4-18.

Singhapakdi, A., Vitell, S. J., Franke, G. R. Antecedents, consequences, and mediating effects of perceived moral intensity and personal moral philosophies. *Journal of the Academy of Marketing Science*, 1999, 27 (1): 19-36.

Singhapakdi, A., Vitell, S. J., Kraft, K. L. Moral intensity and ethical decision-making of marketing professionals. *Journal of Business Research*, 1996, 36 (3): 245-255.

Smith, A., Hume, E. C. Linking culture and ethics: A comparison of accountants' ethical belief systems in the individualism/collectivism and power distance contexts. *Journal of Business Ethics*, 2005, 62 (3): 209-220.

Smith, P. L., Oakley, E. F. Gender-related differences in ethical and social values of business students: Implications for management. *Journal of Business Ethics*, 1997, 16 (1): 37-45.

Sobel, M. E. Asymptotic confidence intervals for indirect effects in structural equation models. *Sociological methodology*, 1982, (13): 290-312.

Sparks, J. R. *Professional ethical sensitivity: The case of marketing researchers*. Unpublished doctorial dissertation, Texas Tech University, 1995.

Sparks, J. R., Hunt, S. D. Marketing researcher ethical sensitivity: Conceptualization, measurement, and exploratory investigation. *The Journal of Marketing*, 1998, 62 (4): 92-109.

Sparks, J. R., Merenski, J. P. Recognition-based measures of ethical sensitivity and reformulated cognitive moral development: An examination and evidence of nomological validity. *Teaching Business Ethics*, 2000, 4 (4): 359-377.

Stead, W. E., Worrell, D. L., Stead, J. G. An integrative model for understanding and managing ethical behavior in business organizations. *Advances in Business Ethics Research*, 1990, 9 (3): 233-242.

Stringer, R. A. *Leadership and organizational climate: The cloud chamber effect*. Upper Saddle River, NJ: Prentice Hall, 2002.

Swenson-Lepper, T. Ethical sensitivity for organizational communication issues-examining individual and organizational differences. *Journal of Business Ethics*, 2005, 59 (3): 205-231.

Thibodeau, J. C. Raising students' ethical sensitivity with a value relevance approach. In *Advances in Accounting Education: Teaching and Curricu-*

lum Innovations: Emerald Group Publishing Limited, 2005: 171-205.

Thoma, S. J., Rest, J. R., Davison, M. L. Describing and testing a moderator of the moral judgment and action relationship. *Journal of Personality and Social Psychology*, 1991, 61 (4): 659-669.

Triki, A. *Accountants' ethical sensitivity*. Unpublished master's thesis, Brock University, 2012.

Tirri, K., Nokelainen, P. Comparison of academically average and gifted students' self-rated ethical sensitivity. *Educational Research and Evaluation*, 2007, 13 (6): 587-601.

Tom, G., Borin, N. Cheating in academe. *Journal of Education for Business*, 1988, 63 (4): 153-157.

Treise, D., Weigold, M. F., Conna, J., Garrison, H. Ethics in advertising: Ideological correlates of consumer perceptions. *Journal of Advertising*, 1994, 23 (3): 59-69.

Trevino, L. K. Ethical decision making in organizations: A person-situation interactionist model. *Academy of Management Review*, 1986, 11 (3): 601-617.

Trevino, L. K. The social effects of punishment in organizations: A justice perspective. *Academy of Management Review*, 1992, 17 (4): 647-676.

Trevino, L. K., Hartman, L. P., Brown, M. Moral person and moral manager: How executives develop a reputation for ethical leadership. *California Management Review*, 2000, 42 (4): 128-142.

Trevino, L. K., Youngblood, S. A. Bad apples in bad barrels: A causal analysis of ethical decision-making behavior. *Journal of Applied psychology*, 1990, 75 (4): 378-385.

Triki, A. *Accountants' ethical sensitivity*. Unpublished master's thesis, Brock University, 2012.

Valentine, S., Fleischman, G. Ethical reasoning in an equitable relief innocent spouse context. *Journal of Business Ethics*, 2003, 45 (4): 325-339.

Valentine, S., Hollingworth, D. Moral intensity, issue importance, and ethical reasoning in operations situations. *Journal of Business Ethics*, 2012, 108 (4): 509-523.

Valentine, S. R., Rittenburg, T. L. The ethical decision making of men and women executives in international business situations. *Journal of Business Ethics*, 2007, 71 (2): 125-134.

VanSandt, C. V., Shepard, J. M., Zappe, S. M. An examination of the relationship between ethical work climate and moral awareness. *Journal of Business Ethics*, 2006, 68 (4): 409-432.

Velasquez, M. G., Rostankowski, C. *Ethics: Theory and practice*. Cliffs, NJ: Prentice-Hall Englewood, 1985.

Victor, B., Cullen, J. B. A theory and measure of ethical climate in organizations. *Research in Corporate Social Performance and Policy*, 1987 (9): 51-71.

Vitell, S. J., Bakir, A., Paolillo, J. G. P., Hidalgo, E. R., Al-Khatib, J., Rawwas, M. Y. A. Ethical judgments and intentions: A multinational study of marketing professionals. *Business Ethics: A European Review*, 2003, 12 (2): 151-171.

Vitell, S. J., Festervand, T. Business ethics: Conflicts, practices and beliefs of industrial executives. *Journal of Business Ethics*, 1987, 6 (2): 111-122.

Volker, J. M. *Counseling experience, moral judgment, awareness of consequences and moral sensitivity in counseling practice*. Unpublished doctorial dissertation, University of Minnesota, 1983.

Weber, J. Scenarios in business ethics research: Review, critical assessment, and recommendations. *Business Ethics Quarterly*, 1992: 137-160.

Wimalasiri, J. S. Moral reasoning capacity of management students and practitioners: An empirical study in Australia. *Journal of Managerial Psychology*, 2001, 16 (8): 614-634.

Wittmer, D. P. *Ethical sensitivity and managerial decision-making: An experiment*. Unpublished doctorial dissertation, Syracuse University, 1992.

Wittmer, D. P. Developing a behavioral model for ethical decision making in organizations: Conceptual and empirical research. In H. G. Frederckson & R. K. Ghere (Eds.), *Ethics in Public Management*. Armonk, New York: M. E. Sharpe, 2005: 49-69.

Wyld, D. C., Jones, C. A. The importance of context: The ethical work climate construct and models of ethical decision making——An agenda for research. *Journal of Business Ethics*, 1997, 16 (4): 465-472.

Yetmar, S. A. *Tax practitioners' ethical sensitivity: A model and empirical examination*. Unpublished doctoral dissertation, Oklahoma State University, 1995.

Yetmar, S., Eastman, K. Tax practitioners' ethical sensitivity: A model and empirical examination. *Journal of Business Ethics*, 2000, 26 (4): 271-288.

阿马蒂亚·森. 以自由看待发展 [M]. 北京: 中国人民大学出版社, 2002.

陈璟菁. 保险营销伦理决策模型及其影响因素分析——兼论加强我国保险营销伦理建设的对策措施 [J]. 技术经济, 2006 (1): 42-45.

陈丽瑞. 中国营销经理道德决策机制研究 [D]. 华中科技大学硕士学位论文, 2009.

董保宝, 葛宝山, 王侃. 资源整合过程、动态能力与竞争优势: 机理与路径 [J]. 管理世界, 2011 (3): 92-101.

杜飞月. 中学生道德敏感性的测评与特点研究 [D]. 南京师范大学硕士学位论文, 2011.

冯振萍. 论大学生道德敏感性的培养 [J]. 继续教育研究, 2011 (12): 163-165.

付维会. 中国企业员工伦理行为量表的建构 [J]. 软科学, 2013, 27 (4): 106-110.

傅莹. 我国人寿保险营销员激励与监管研究 [D]. 天津大学硕士学位论文, 2011.

耿昕. 领导授权赋能行为对员工创新行为的影响研究 [D]. 上海交

通大学博士学位论文，2011．

龚霞光．道德的心理机制研究［J］．湖南社会科学，2013（4）：20-23．

宫兆明．我国保险代理人制度存在的问题及其对策［J］．沿海企业与科技，2006（3）：129-130．

顾海根．心理与教育测量［M］．北京：北京大学出版社，2008．

郭本禹、杜飞月．中学生道德敏感性的特点研究［J］．中小学德育，2013（12）：4-7．

韩振华，任剑峰．社会调查研究中的社会称许性偏见效应［J］．华中科技大学学报（人文社会科学版），2002（3）：47-50．

洪科芳．伦理决策过程及其影响因素研究［D］．浙江工商大学硕士学位论文，2010．

侯杰泰，温忠麟，成子娟．结构方程模型及其应用［M］．北京：教育科学出版社，2004．

胡影．我国寿险代理人制度缺失的伦理分析［D］．云南财经大学硕士学位论文，2011．

黄宝东．西方基于伦理原则的企业伦理决策研究述评［J］．现代企业教育，2010，371（24）：101-102．

黄珺君．伦理型领导对组织伦理氛围的影响［D］．浙江工商大学硕士学位论文，2013．

姬慧．移情在道德行为中的作用机制及其德育价值研究［D］．南京师范大学硕士学位论文，2002．

蒋少飞．从词源上简述伦理与道德的概念及关系［J］．改革与开放，2012（10）：187．

金杨华，黄珺君．伦理型领导对组织伦理的影响［J］．管理现代化，2013（1）：79-81．

金杨华，吕福新．关系取向与企业家伦理决策——基于"浙商"的实证研究［J］．管理世界，2008（8）：100-106．

蓝小飞．基于道德决策模型的预算松弛影响因素研究［D］．东北大学硕士学位论文，2012．

李琳琳.中国公务员道德敏感性研究［D］.东北大学硕士学位论文，2009.

李晓明.企业中的道德决策研究——道德强度和移情的影响作用［M］.长沙：湖南师范大学出版社，2013。

李晓明，傅小兰，王新超.主观道德强度对企业道德决策的预测作用［J］.心理科学，2008（2）：479-482.

李晓明，傅小兰，王新超.移情在道德强度对企业道德决策影响中的作用［J］.心理科学，2012（6）：1429-1434.

刘慧瀛，黄雪珂.内隐网络利他行为的实验研究［J］.洛阳师范学院学报，2014（9）：111-114.

刘文彬.组织伦理气氛与员工越轨行为间关系的理论与实证研究［D］.厦门大学博士学位论文，2009.

罗国杰，马博宣，余进.伦理学教程［M］.北京：中国人民大学出版社，1986.

吕灿灿.道德解脱对管理者伦理决策过程的影响研究［D］.浙江工商大学硕士学位论文，2013.

马多秀.教师的道德敏感性及其生成［J］.教育导刊，2013（2）：15-18.

邱皓政.量化研究与统计分析：SPSS中文视窗版资料分析范例解析［M］.台北：五南图书出版股份有限公司，2002.

曲学丽.新闻职业道德敏感性特点及其与移情关系的研究.华东师范大学硕士学位论文，2009.

任强.教师教学伦理敏感性及其干预对策研究［D］.温州大学硕士学位论文，2010.

任强，郑信军.教师教学伦理敏感性的跨情境性与结构效度检验［J］.教育科学，2013（5）：44-50.

荣泰生.AMOS与研究方法（第2版）［M］.重庆：重庆大学出版社，2010.

单鹏.保险行业形象塑造的传媒视角与策略［J］.成功营销，2013（5）：26-27.

石贵成，王永贵，邢金刚，于斌．对服务销售中关系强度的研究——概念界定、量表开发与效度检验［J］．南开管理评论，2005，8（3）：74-82.

施霄霞，郑信军．道德敏感性测评研究概观［R］．第十二届全国心理学学术大会，2009.

宋希仁．伦理与道德的异同［J］．河南师范大学学报（哲学社会科学版），2007（5）：45-47.

苏楚静．决策者伦理敏感性对行政伦理决策的影响［D］．浙江大学硕士学位论文，2013.

孙慧婷．我国保险伦理的缺失与构建［D］．青海师范大学硕士学位论文，2008.

王冬桦．为伦理与道德的概念及其关系正本清源［J］．首都师范大学学报（社会科学版），2011（2）：119-124.

王端旭，赵君．伦理型领导影响员工非伦理行为的中介机制研究［J］．现代管理科学，2013（6）：20-22.

王利华．论移情与道德教育［D］．南京师范大学硕士学位论文，2012.

王仕杰．"伦理"与"道德"辨析［J］．伦理学研究，2007（6）：42-46.

王云强，郭本禹．知情并重：培养中小学生道德敏感性的五个策略［J］．教育导刊，2012（2）：55-58.

王兴超．道德推脱与员工道德决策的关系［D］．山西大学硕士学位论文，2011.

韦耀阳．大学生道德敏感性影响因素及对策［J］．现代教育管理，2009（6）：123-125.

魏英敏，金可溪．伦理学简明教程［M］．北京：北京大学出版社，1984.

温忠麟，叶宝娟．中介效应分析：方法和模型发展［J］．心理科学进展，2014，22（5）：731-745.

吴红梅．大学生伦理取向差异研究：商科与非商科的比较［J］．当代教育理论与实践，2011，3（2）：116-117.

吴红梅，刘洪．西方伦理决策研究述评［J］．外国经济与管理，2006，28（12）：48-55.

吴粒，林楠，于延琦．解释责任与道德强度对审计人员道德辨识的影响研究［J］．东北大学学报（社会科学版），2014，16（4）：371-376.

吴琼，吴茗．利用SAS统计软件的GLM过程对识别道德问题的研究［J］．统计与决策，2008（19）：107-109.

吴志平，陈福添．中国文化情境下团队心理安全气氛的量表开发［J］．管理学报，2011，8（1）：73-80.

邬松卿．保险代理人监管的中外比较研究［J］．理论月刊，2006（6）：156-158.

项俊波．坚持"抓服务、严监管、防风险、促发展"，促进保险业又好又快发展［J］．保险研究，2012（1）：3-13.

肖婕敏．大学生道德敏感性对道德脱离、自我控制的实证研究［D］．云南师范大学硕士学位论文，2011.

徐桂云．大学生父母教养方式、人格与道德敏感性的关系研究［D］．河北师范大学硕士学位论文，2011.

许丽莎．道德同一性和敏感性对道德行为的影响研究［D］．杭州师范大学硕士学位论文，2011.

阎俊和陈丽瑞．转型期营销经理道德敏感性的影响因素研究——个人文化特征的视角［J］．管理学报，2009，6（10）：1399-1406.

于海超．道德强度对灾难救援伦理决策的影响研究［D］．西南交通大学硕士学位论文，2012.

张波．儒家仁爱观对大学生道德敏感性的影响［D］．华中科技大学硕士学位论文，2011.

张辉华．管理者的情绪智力及其与工作绩效的关系研究［D］．暨南大学博士学位论文，2006.

张剑．影响员工创造性绩效的组织情境因素及动机机制研究［D］．首都师范大学博士学位论文，2003.

张丽垭. 个体道德认知发展水平和文化价值取向对管理者伦理决策的影响研究 [D]. 浙江工商大学硕士学位论文, 2012.

张振红. 青少年道德敏感性对其知觉学校道德氛围的影响及其心理机制研究 [D]. 宁波大学硕士学位论文, 2012.

赵宝春. 中国消费者伦理行为研究: 基于社会性的视角 [D]. 华中科技大学博士学位论文, 2008.

赵丹, 黄星艳. 社会赞许性的研究现状及展望 [J]. 经济研究导刊, 2011 (11): 201-203.

赵杰, 赵宏义. 略论道德敏感性 [J]. 鞍山师范学院学报, 2004 (2): 102-105.

郑显亮. 大学生网络利他行为: 量表编制与多层线性分析 [D]. 上海师范大学博士学位论文, 2010.

郑信军. 道德敏感性: 基于倾向与情境的视角 [D]. 上海师范大学博士学位论文, 2008.

郑信军, 岑国桢, 任强. 问题特征与呈现方式对情境性道德敏感的影响 [J]. 心理科学, 2009 (1): 25-28.

郑信军, 岑国桢. 道德敏感性的研究现状与展望 [J]. 心理科学进展, 2007 (1): 108-115.

郑信军, 岑国桢. 基于无结构性问题的道德敏感性测评初探 [J]. 应用心理学, 2008a (4): 343-349.

郑信军, 岑国桢. 大学生倾向性道德敏感的结构研究 [J]. 心理科学, 2008b (5): 1026-1030.

郑信军, 岑国桢. 内隐与外显倾向性道德敏感的关系及其预测源分析 [J]. 心理发展与教育, 2009a (3): 54-60.

郑信军, 岑国桢. 道德敏感性: 概念理解与辨析 [J]. 心理学探新, 2009b (1): 10-13.

郑信军, 吴琼琼. 论教师的教学伦理敏感性及其发展 [J]. 教育研究, 2013 (4): 97-104.

周寸飞. 倾向性道德敏感性对大学生道德判断影响的实验研究 [D]. 福建师范大学硕士学位论文, 2012.

朱勤.实践有效性视角下的工程伦理学探析[D].大连理工大学硕士学位论文,2011.

庄立民,钟镕骏.创业导向、伦理气候与组织绩效相关性探讨:以银行业为例[J].创业管理研究,2008,3(2):29-60.

邹玲.中学生的道德敏感性及其与价值观的相关研究[D].南京师范大学硕士学位论文,2013.

左小川.完善我国保险营销员管理的措施[J].管理工程师,2010(5):26-28.

附　录

附录 A　员工职业道德情况调查

您好！我们是北京科技大学经济管理学院商业伦理研究课题组的博士研究生，正在进行有关保险营销人员职业道德方面的调查，调查的结果主要用于学术研究，希望能够得到您的大力支持。

本次问卷的调查采取匿名方式，请您不要有任何顾虑，真实表达自己的想法，我们将为您严格保密。

请您用描述性语言列举出保险营销员在工作中有违伦理道德问题的行为（请至少列出 5 项）。

1. _____
2. _____
3. _____
4. _____
5. _____
6. _____
7. _____
8. _____
9. _____
10. _____

非常感谢您的合作，祝您工作愉快！

附录 B 员工职业情境处理问卷

您好！我们是北京科技大学经济管理学院人力资源管理研究课题组的博士研究生，正在进行有关保险营销人员职业情境处理的调查，调查的结果主要用于学术研究，希望能够得到您的大力支持。

本问卷的题目与您的日常工作情境处理密切相关。请使用数字1~7，表达你对题目中情境描述的同意程度。本次问卷的调查采取匿名方式，您的回答无正误好坏之分，只是帮助我们更好地进行研究工作，不会对您的工作造成任何不利的影响。感谢您的合作！

1：极其同意；4：无所谓；7：极其不同意；2、3、5、6为以上观点的中间状态							
1. 某保险营销员在展业的时候，将自身公司及产品的"优势"与其他公司及产品"劣势"相比较	1	2	3	4	5	6	7
2. 某保险营销员在明知客户已生重病的情况下，仍向公司隐瞒该客户的信息，帮助他购买了保险	1	2	3	4	5	6	7
3. 某保险营销员将以前工作中有业务关系的人发展成了自己的保险产品客户	1	2	3	4	5	6	7
4. 某保险营销员在展业时将保险产品与银行存款、债券等投资方式比较	1	2	3	4	5	6	7
5. 某保险营销员向客户承诺保险条款以外的额外利益	1	2	3	4	5	6	7
6. 某部门经理印发了一些关于同业其他公司负面消息的材料，但保险营销员并没有向他的客户或潜在客户宣传	1	2	3	4	5	6	7
7. 某保险营销员截留客户的保费或赔偿费	1	2	3	4	5	6	7
8. 某保险营销员向客户推销高佣金但不符合客户需求的产品	1	2	3	4	5	6	7

续表

1：极其同意；4：无所谓；7：极其不同意；2、3、5、6 为以上观点的中间状态							
9. 某保险营销员对潜在客户不分时间、地点的推销，干扰了其正常的工作生活	1	2	3	4	5	6	7
10. 某保险营销员威胁客户资金不安全，劝说客户购买保险理财产品	1	2	3	4	5	6	7
11. 虽然对同事抢单的行为不满，但是保险营销员A并没有在背地里诋毁该同事	1	2	3	4	5	6	7
12. 某保险营销员为了获得某优质客户，恐吓其他同业公司的营销员	1	2	3	4	5	6	7
13. 两位保险营销员同时找到了某潜在客户，某保险营销员告诉客户在自己这里买保险利益更大，可以给客户返更多佣金	1	2	3	4	5	6	7
14. 某保险营销员协助客户提供虚假资料以达到理赔的目的	1	2	3	4	5	6	7
15. 两位保险营销员分属不同的保险公司，但他们关系很好，经常探讨展业中的经验	1	2	3	4	5	6	7
16. 虽然客户资料不完整，但某保险营销员急于交单完成任务，就直接编写了客户信息，而后也没有通知客户及时变更	1	2	3	4	5	6	7
17. 某保险营销员同时销售多家公司的保险产品	1	2	3	4	5	6	7
18. 某保险营销员向老年客户推荐时不告知保险期间	1	2	3	4	5	6	7
19. 某保险营销员虽然从A保险公司离职后进入B保险公司，但他并没有将原公司的机密透露给新的公司	1	2	3	4	5	6	7
20. 某业务主任将其亲属增员为自己的业务员	1	2	3	4	5	6	7
21. 某保险营销员误导客户，故意夸大理赔范围，夸大保险收益，隐瞒保险责任免除	1	2	3	4	5	6	7
22. 某保险营销员告诉客户终身保险随时都可以支取	1	2	3	4	5	6	7
23. 某保险营销员利用家人的行政权力向其下属推销保险产品	1	2	3	4	5	6	7
24. 某保险营销员每天按时参加早会，但是业绩不是很好	1	2	3	4	5	6	7
25. 某保险营销员代客户签字	1	2	3	4	5	6	7

续表

1：极其同意；4：无所谓；7：极其不同意；2、3、5、6 为以上观点的中间状态	
26. 某保险营销员认真向客户解释清楚条款，提醒相关投保禁忌	1　2　3　4　5　6　7
27. 某保险营销员劝说客户退保，重新购买新产品，自己从中获利	1　2　3　4　5　6　7
28. 某保险营销员在被潜在客户拒绝后，使用不文明语言侮辱客户	1　2　3　4　5　6　7
29. 理赔不符合规定时，某保险营销员鼓动客户投诉或到公司闹事	1　2　3　4　5　6　7
30. 某保险营销员在跟家人聊天时泄露了客户的个人信息	1　2　3　4　5　6　7
31. 某保险营销员向公司提供错误的客户电话，公司回访电话找他人代客户接听	1　2　3　4　5　6　7
32. 某保险营销员代客户开立、保管收缴保费的存折或银行卡	1　2　3　4　5　6　7

请填写您的个人信息

1. 性别：男 _____　　女 _____

2. 年龄：30 岁以下 _____　　31~40 岁 _____

　　　41~50 岁 _____　　50 岁以上 _____

3. 学历：初中 _____　　高中 _____　　专科 _____

　　　本科 _____　　研究生 _____

4. 在保险行业工作年限：

　　2 年以下 _____　　3~5 年 _____　　6~8 年 _____

　　9~11 年 _____　　12 年以上 _____

5. 工作性质：普通保险营销员 _____　　业务主任 _____

　　　业务经理 _____

非常感谢您的合作，祝您工作愉快！

附录C 保险公司职业情境研究调查问卷

您好！我们是北京科技大学经济管理学院人力资源管理研究课题组的博士研究生，正在进行有关保险营销人员职业情境处理的调查，调查的结果主要用于学术研究，希望能够得到您的大力支持。

第一部分：阅读下面情境，表达您对后面陈述句的同意或不同意程度。在每行相应的数字上画"√"。

张经理是深圳某公司的销售经理，总部授予张经理灵活处理事务的权力。在一桩生意中，他发现只要送出一份价值5万元的礼物就可以得到100万元的订单，获得至少20万元的利润。张经理经过考虑后决定送出价值5万元的礼物。

1：极其不同意；2：不同意；3：不确定；4：同意；5：极其同意					
1. 张经理的行为对其他人的总伤害（如果有的话）会非常小	1	2	3	4	5
2. 大多数人将认为张经理的行为是对的	1	2	3	4	5
3. 张经理的行为实际造成伤害的可能性很小	1	2	3	4	5
4. 张经理的行为将不会立即造成伤害	1	2	3	4	5
5. 张经理的行为将伤害少数人（如果有的话）	1	2	3	4	5

第二部分：

1. 您是否认同以下行为，请根据您的看法打分：

1：非常同意；2：同意；3：有点同意；4：无所谓；5：有点不同意；6：不同意；7：非常不同意							
1. 某保险营销员在展业的时候，将自身公司及产品的"优势"与其他公司及产品"劣势"相比较	1	2	3	4	5	6	7

续表

1：非常同意；2：同意；3：有点同意；4：无所谓；5：有点不同意；6：不同意；7：非常不同意							
2. 某保险营销员在明知客户已生重病的情况下，仍向公司隐瞒该客户的信息，帮助他购买了保险	1	2	3	4	5	6	7
3. 理赔不符合规定时，某保险营销员告诉客户投诉或到公司闹事	1	2	3	4	5	6	7
4. 某保险营销员在展业时将保险产品与银行存款、债券等投资方式比较	1	2	3	4	5	6	7
5. 某保险营销员向客户承诺保险条款以外的额外利益	1	2	3	4	5	6	7
6. 某业务经理印发了一些关于同业其他公司负面消息的材料，保险营销员收到后向他的客户或潜在客户进行了宣传	1	2	3	4	5	6	7
7. 某保险营销员截留客户的保费或赔偿费	1	2	3	4	5	6	7
8. 某保险营销员向客户推销高佣金但不是最符合客户需求的产品	1	2	3	4	5	6	7
9. 某保险营销员对潜在客户不分时间、地点的推销，干扰了其正常的工作生活	1	2	3	4	5	6	7
10. 某保险营销员威胁客户资金不安全，劝说客户购买保险理财产品	1	2	3	4	5	6	7
11. 某保险营销对同事抢单的行为不满，将这件事告诉了其他人	1	2	3	4	5	6	7
12. 某保险营销员为了获得某优质客户，打电话威胁其他公司的营销员	1	2	3	4	5	6	7
13. 两位保险营销员同时找到了某潜在客户，某保险营销员告诉客户在自己这里买保险利益更大，可以给客户返更多佣金	1	2	3	4	5	6	7
14. 某保险营销员协助客户提供虚假资料以达到理赔的目的	1	2	3	4	5	6	7
15. 某保险营销员在跟家人聊天时泄露了客户的个人信息	1	2	3	4	5	6	7
16. 虽然客户资料不完整，但某保险营销员急于交单完成任务，就直接编写了客户信息，而后也没有通知客户及时变更	1	2	3	4	5	6	7
17. 某保险营销员同时销售多家公司的保险产品	1	2	3	4	5	6	7
18. 某保险营销员向老年客户推荐产品时不告知保险期间	1	2	3	4	5	6	7

续表

1：非常同意；2：同意；3：有点同意；4：无所谓；5：有点不同意；6：不同意；7：非常不同意	
19. 某保险营销员从 A 保险公司离职后进入 B 保险公司后，将原公司的信息透露给新的公司	1 2 3 4 5 6 7
20. 某保险营销员向公司提供错误的客户电话，公司回访电话找他人代客户接听	1 2 3 4 5 6 7
21. 某保险营销员误导客户，故意夸大理赔范围，夸大保险收益，隐瞒保险责任免除	1 2 3 4 5 6 7
22. 某保险营销员告诉客户终身保险随时都可以支取	1 2 3 4 5 6 7
23. 某保险营销员利用家人的行政权力向其下属推销保险产品	1 2 3 4 5 6 7
24. 某保险营销员代客户开立、保管收缴保费的存折或银行卡	1 2 3 4 5 6 7
25. 某保险营销员代客户签字	1 2 3 4 5 6 7
26. 某保险营销员认真向客户解释清楚条款，提醒相关投保禁忌	1 2 3 4 5 6 7
27. 某保险营销员劝说客户退保，重新购买新产品，自己从中获利	1 2 3 4 5 6 7
28. 某保险营销员在被潜在客户拒绝后，使用不文明语言侮辱客户	1 2 3 4 5 6 7

2. 请根据您的实际情况，为下列描述打分：

1：完全不认同；2：不认同；3：不确定；4：认同；5：完全认同	
1. 当讨论与他人不一致的观点时，我试着从他们的角度来看问题	1 2 3 4 5
2. 通常情况下，我发现从他人的角度看问题是件容易的事	1 2 3 4 5
3. 我非常擅长设身处地为别人着想	1 2 3 4 5
4. 我通常能够理解他人的所作所为	1 2 3 4 5
5. 看到他人遭受痛苦时我会很悲痛	1 2 3 4 5
6. 当看到他人受伤害时我内心也会很痛苦	1 2 3 4 5
7. 当看悲伤的影视剧时我经常会哭泣	1 2 3 4 5

3. 请根据您的实际情况为以下描述打分：

1：完全不认同；2：不认同；3：不确定；4：认同；5：完全认同					
1. 一个人应确定他的行为绝不故意伤害别人，即使是轻微伤害	1	2	3	4	5
2. 如果一个行动会伤害无辜的人，就不应当做	1	2	3	4	5
3. 一个人绝对不可以做威胁到他人尊严和福利的事情	1	2	3	4	5
4. 不同的文化、不同的社会中，道德的标准是不同的	1	2	3	4	5
5. 道德标准因人而异；一个人认为是道德的，而他人可能会认为是不道德的	1	2	3	4	5
6. 对每个人来说"道德是什么"的问题永远不可能解决，因为什么是道德或不道德是由个人决定的	1	2	3	4	5

4. 请根据您的了解，回答下列问题：

1：非常熟悉；2：基本熟悉；3：一点不熟悉

	你熟悉以下电影吗？					你熟悉以下产品吗？			
a	1.《建国大业》	3	2	1	b	1. 北京烤鸭	3	2	1
	2.《独自一人》	3	2	1		2. 可口面包	3	2	1
	你熟悉以下电视节目吗？					你熟悉以下品牌吗？			
c	1.《非常6+1》	3	2	1	d	1. 李宁	3	2	1
	2.《展望》	3	2	1		2. 士一	3	2	1

5. 请根据您公司的实际情况，对如下描述评分：

1：极其不准确；2：不准确；3：不确定；4：准确；5：极其准确					
1. 本公司要求员工遵守法律和行业准则	1	2	3	4	5
2. 本公司将员工利益作为重点考虑因素	1	2	3	4	5
3. 在本公司，遵守企业守则和章程很重要	1	2	3	4	5
4. 在本公司，每个人都将自我利益放在首位	1	2	3	4	5
5. 本公司员工最主要的任务是控制成本	1	2	3	4	5
6. 在本公司，每个人都自我决定何为对、何为错	1	2	3	4	5

6. 本部分是关于您的直接领导的一些描述，请根据您对他的了解进行评分：

1：极其不同意；2：不同意；3：一般；4：同意；5：极其同意					
1. 能够耐心倾听员工的心声	1	2	3	4	5
2. 训导违反道德规范的员工	1	2	3	4	5
3. 日常生活中有社会公德	1	2	3	4	5
4. 非常关心员工的利益	1	2	3	4	5
5. 决策时公平公正	1	2	3	4	5
6. 值得信赖	1	2	3	4	5
7. 与员工一起探讨商业伦理或价值观	1	2	3	4	5
8. 在道德方面以身作则	1	2	3	4	5
9. 不只是从结果定义成功，还看重取得成功的方式	1	2	3	4	5
10. 做决策时，考虑什么是正确的事情	1	2	3	4	5

第三部分：您的基本情况

1. 性别：男 _____ 女 _____

2. 年龄：30 岁以下 _____ 31~40 岁 _____
   41~50 岁 _____ 50 岁以上 _____

3. 学历：初中 _____ 高中 _____ 专科 _____
   本科 _____ 研究生 _____

4. 在保险行业工作年限：
   2 年以下 _____ 3~5 年 _____ 6~8 年 _____
   9~11 年 _____ 12 年以上 _____

5. 工作性质：普通保险营销员 _____ 业务主任 _____
   业务经理 _____

非常感谢您的合作，祝您工作愉快！

附录 D　保险营销员道德决策问卷

本问卷的题目与您的日常工作情境处理密切相关。请使用数字表达您对题目中情境描述的同意程度。您的回答无正误好坏之分，请根据您的真实感觉认真作答，该调查不会对您的工作造成任何不利的影响。感谢您的合作！

第一部分：您的基本情况

1. 性别：男 _____　女 _____
2. 年龄：30 岁以下 _____　31~40 岁 _____
   41~50 岁 _____　50 岁以上 _____
3. 学历：初中 _____　高中 _____　专科 _____
   本科 _____　研究生 _____
4. 在保险行业工作年限：
   2 年以下 _____　3~5 年 _____　6~8 年 _____
   9~11 年 _____　12 年以上 _____

第二部分：您是否认同以下行为，请根据您的看法打分：

1：非常同意；2：同意；3：有点同意；4：无所谓；5：有点不同意；6：不同意；7：非常不同意

1. 某保险营销员在明知客户已生重病的情况下，仍向公司隐瞒该客户的信息，帮助他购买了保险	1 2 3 4 5 6 7
2. 某保险营销员向客户承诺保险条款以外的额外利益	1 2 3 4 5 6 7
3. 某保险营销员代客户签字	1 2 3 4 5 6 7
4. 某保险营销员劝说客户退保，重新购买新产品，自己从中获利	1 2 3 4 5 6 7

续表

1：非常同意；2：同意；3：有点同意；4：无所谓；5：有点不同意；6：不同意；7：非常不同意

5. 某保险营销员截留客户的保费或赔偿费	1 2 3 4 5 6 7
6. 某保险营销员向客户推销高佣金但不是最符合客户需求的产品	1 2 3 4 5 6 7
7. 某保险营销员对潜在客户不分时间、地点的推销，干扰了其正常的工作生活	1 2 3 4 5 6 7
8. 某保险营销员威胁客户资金不安全，劝说客户购买保险理财产品	1 2 3 4 5 6 7
9. 某保险营销员协助客户提供虚假资料以达到理赔的目的	1 2 3 4 5 6 7
10. 虽然客户资料不完整，但某保险营销员急于交单完成任务，就直接编写了客户信息，而后也没有通知客户及时变更	1 2 3 4 5 6 7
11. 某保险营销员同时销售多家公司的保险产品	1 2 3 4 5 6 7
12. 某保险营销员向老年客户推荐时不告知保险期间	1 2 3 4 5 6 7
13. 某保险营销员代客户开立、保管收缴保费的存折或银行卡	1 2 3 4 5 6 7
14. 某保险营销员为了获得某优质客户，恐吓其他同业公司的营销员	1 2 3 4 5 6 7
15. 某保险营销员在被潜在客户拒绝后，使用不文明语言侮辱客户	1 2 3 4 5 6 7

第三部分：

1. 阅读下面三个情境，表达您对后面行为的同意或不同意程度。

情境一：甲是 A 保险公司的营销员，在向一名准客户推荐保险产品的过程中，得知其已经购买了 B 公司的类似产品。甲很清楚 B 公司的产品优于自己推荐给客户的产品，但他还是决定劝说客户放弃 B 公司的产品而购买自己公司的产品。

1：完全不认同；2：不认同；3：不确定；4：认同；5：完全认同	
1. 该决策情境涉及道德问题	1 2 3 4 5
2. 该行为是道德的	1 2 3 4 5
3. 在这种情境下，我也会采取此行为	1 2 3 4 5
4. 在这种情境下，我周围的同事也会采取这一行为	1 2 3 4 5

情境二：乙是某保险公司的营销员，在听完客户的需求说明为其选择合适的保险产品时，他知道产品 A 能更好地满足客户的需求但是保费低，而产品 B 虽然不能完全满足客户需求，但是保费更高，他能得到的佣金也更高。思考之后，乙决定向客户推荐产品 B，并告诉客户这是最适合他的产品。

1：完全不认同；2：不认同；3：不确定；4：认同；5：完全认同					
1. 该决策情境涉及道德问题	1	2	3	4	5
2. 该行为是道德的	1	2	3	4	5
3. 在这种情境下，我也会采取此行为	1	2	3	4	5
4. 在这种情境下，我周围的同事也会采取这一行为	1	2	3	4	5

情境三：丙是 A 保险公司的营销员，当他得知该公司的另一名营销员也在联系自己的准客户时，丙告诉客户通过自己购买保险产品可以获得更多的礼品或优惠。

1：完全不认同；2：不认同；3：不确定；4：认同；5：完全认同					
1. 该决策情境涉及道德问题	1	2	3	4	5
2. 该行为是道德的	1	2	3	4	5
3. 在这种情境下，我也会采取此行为	1	2	3	4	5
4. 在这种情境下，我周围的同事也会采取这一行为	1	2	3	4	5

2. 请根据您的了解，回答下列问题：

1：非常熟悉；2：基本熟悉；3：一点不熟悉									
你熟悉以下电影吗？					你熟悉以下产品吗？				
a	1.《建国大业》	3	2	1	b	1. 北京烤鸭	3	2	1
	2.《独自一人》	3	2	1		2. 可口面包	3	2	1

续表

1：非常熟悉；2：基本熟悉；3：一点不熟悉

	你熟悉以下电视节目吗？					你熟悉以下品牌吗？			
c	1.《非常6+1》	3	2	1	d	1. 李宁	3	2	1
	2.《展望》	3	2	1		2. 士一	3	2	1

非常感谢您的合作，祝您工作愉快！

后 记

从最早对商业伦理研究产生兴趣到现在,已经是第八个年头了。在这八年里,我顺利完成了以道德敏感性为主题的博士论文,拿到了北京科技大学的管理学博士学位,然后又以"北京航空航天大学优秀博士后"的荣誉称号完成了博士后的工作,进入北京信息科技大学成为了三尺讲台上的一名教师。这些年的学术研究过程中,我所阅读的大量文献和著作,成为我2011年以来从事相关研究工作的基础。

此书是我商业伦理研究中有关保险营销员商业道德敏感性相关成果的荟萃,其中部分成果已经在国内外期刊上公开发表。本书的出版有三个目的:一是理论联系实际,特别是切合中国国情和保险行业特征,力求可操作性,力求为国内保险行业的管理者提供借鉴与启示。二是在继承的基础上提升。道德敏感性的研究涉及多行业领域,不同职业情境下对所面临的道德困境会有很大差异。本书在继承的基础上聚焦保险营销员这一特殊群体来深入研究,不求全面创新,只求有所创新。三是希望本书的研究结论得到同行专家的批评指正,这有利于推进我在后续商业伦理方面的研究。

此书得以出版,离不开很多人的帮助和支持。首先,我最想感谢的是我的博士导师——张剑教授。张老师在专业方面给我的指导和帮助让我终身受益,每次与她的讨论都能让我发现自身的不足及需要进一步努力的方向。张老师对学术的严谨、对学生的关爱、对工作的投入、对未来的规划以及对计划的执行,让我深深地敬佩。张老师让我感受到的不仅仅是学术的造诣,更是人格的魅力,她规范严谨的学风和温润如玉的性格,在言传身教中指引我不断前行。得遇良师,实为一生之幸。其次,我的同门陈金保博士、付维会博士、张庆芝博士、彭长桂博士和宋亚辉博士，都在我的学术研究道路上提供了强大的支持和帮助，在此一并表示感谢！

在我工作的北京信息科技大学经济管理学院，葛新权教授和曲立教授自我入职以来便一直关注着我的成长，提醒和督促我做好自身的教学研究工作；学院金春华副院长、梁栩凌主任、廉串德主任等领导老师们对我的研究工作给予了大力支持；人力资源管理系的同事们如李晓非副教授、尹洁林副教授、郭钟泽博士、廖赣丽博士等，也在日常的教学和研究交流中对我帮助指点甚多，深表感谢！

最后，还要感谢经济管理出版社的赵亚荣编辑和相关老师，赵编辑为本书的出版付出了辛勤劳动，她的专业、热忱、包容和支持是本书得以顺利出版的重要保障！

学术科研之路任重而道远，谨记张剑老师的教诲：乐在其中，学会感恩，为他人留路。学海无涯，吾将上下而求索！

张　娜

2018 年 9 月 21 日